Ing. n. 31

PROCLAMATION
DE L'EMPEREUR

FRANÇAIS

Il y a dans la vie des peuples des moments solennels où l'honneur national violemment excité s'impose comme une force irrésistible, domine tous les intérêts et prend seul en main la direction des destinées de la Patrie. Une de ces heures décisives vient de sonner pour la France. La Prusse à qui nous avons témoigné pendant et depuis la guerre de 1866, les dispositions les plus conciliantes, n'a tenu aucun compte de notre bon vouloir et de notre longanimité ; lancée dans une voie d'envahissements, elle a éveillé toutes les défiances, nécessité partout des armements exagérés et fait de l'Europe un camp où règnent l'incertitude et la crainte du lendemain. Un dernier incident est venu révéler l'instabilité des rapports internationaux et montrer toute la gravité de la situation. En présence des nouvelles prétentions de la Prusse, nos réclamations se sont fait entendre, elles ont été éludées et suivies de procédés dédaigneux ; notre pays en a ressenti une profonde irritation et aussitôt un cri de guerre a retenti d'un bout de la France à l'autre. Il ne nous reste plus qu'à confier nos destinées au sort des armées.

Nous ne faisons pas la guerre à l'Allemagne dont nous respectons l'indépendance, nous faisons des vœux pour que les peuples qui composent la grande nationalité Germanique, disposent librement de leurs destinées ; quant à nous, nous réclamons l'établissement d'un état de choses qui garantisse notre sécurité et assure l'avenir ; nous voulons conquérir une paix durable, basée sur les vrais intérêts des peuples et faire cesser cet état précaire où toutes les Nations emploient leurs ressources à s'armer les unes contre les autres. Le glorieux drapeau que nous déployons encore une fois devant ceux qui nous provoquent, est le même qui porta à travers l'Europe les idées civilisatrices de notre grande Révolution, il représente les mêmes principes, il inspirera les mêmes dévouements français.

Je vais me mettre à la tête de cette vaillante armée qu'anime l'amour du devoir et de la Patrie. Elle sait ce qu'elle vaut, car elle a vu dans les quatre parties du monde la victoire s'attacher à ses pas.

J'emmène mon Fils avec moi : malgré son jeune âge, il sait quels sont les devoirs que son nom lui impose, et il est fier de prendre sa part dans les dangers de ceux qui combattent pour la patrie.

Dieu bénira nos efforts. Un grand peuple qui défend une cause juste est invincible.

Paris, le 23 juillet 1870.

NAPOLÉON.

DÉPÊCHE TÉLÉGRAPHIQUE

Le Ministre de l'Intérieur à Messieurs les Préfets et Sous-Préfets

Paris, 2 août 5 h. 12 du soir.

J'ai reçu du secrétaire de l'Empereur la dépêche suivante :

Metz, 2 août, 4 h. 30 du soir.

Aujourd'hui 2 août à 11 heures du matin, les troupes françaises ont eu un sérieux engagement avec les troupes prussiennes. Notre armée a pris l'offensive, franchi la frontière et envahi le territoire de la Prusse. Malgré la force de la position ennemie quelques uns de nos bataillons ont suffi pour enlever les hauteurs qui dominent Sarrebruck, et notre artillerie n'a pas tardé à chasser l'ennemi de la ville.

L'élan de nos troupes a été si grand que nos pertes ont été légères. L'engagement commencé à 11 heures était terminé à 1 heure. L'Empereur assistait aux opérations et le Prince Impérial qui l'accompagnait partout a reçu, sur le premier champ de bataille de la campagne, le baptême du feu. Sa présence d'esprit, son sang-froid dans le danger, ont été dignes du nom qu'il porte.

DÉPÊCHE TÉLÉGRAPHIQUE

Le Ministre de l'Intérieur à Messieurs les Préfets et Sous-Préfets.

Paris, 3 août, 2 heures 30 soir.

Je reçois du Secrétaire de l'Empereur la dépêche suivante :

Metz, 3 août, midi.

Veuillez communiquer la note suivante aux journaux de Paris :

Hier, lorsqu'on a occupé les hauteurs de Saarbruck, une batterie de mitrailleuse, a été mise en position en présence de l'Empereur et du Prince Impérial. L'empereur avait ordonné qu'on ne tirât que si cela devenait nécessaire. Les Prussiens, en effet, étaient cachés dans les ravins ou des maisons, ou bien disséminés en tirailleurs ; on ne pouvait se servir utilement de notre nouvelle artillerie, mais bientôt on aperçut un peloton ennemi qui défilait sur le chemin de fer de la rive droite à une distance de seize cents mètres ; on dirigea dessus les mitrailleuses et, en un clin d'œil le groupe fut dispersé laissant la moitié de ses hommes par terre ; un second peloton se hasarda de nouveau sur la même ligne et subit le même sort.

Dès lors personne n'osa plus passer sur le chemin de fer : les officiers d'artillerie français sont enthousiasmés des effets des mitrailleuses. Parmi les prisonniers prussiens se trouvent plusieurs volontaires d'un an. On sait qu'en Prusse des militaires s'engagent au service pour une année ; ils ont été très-discrets au sujet des questions qu'on leur a adressées ; mais ils ont convenu de la supériorité du fusil français sur le fusil prussien. D'un autre côté le maréchal Bazaine a eu un engagement avec des tirailleurs ennemis. Plusieurs Prussiens ont été tués, aucun des nôtres n'a été blessé.

POUR COPIE CONFORME :
Le Sous-Préfet de Toulon, E. TESTE-LEBEAU.

DÉPÊCHE TÉLÉGRAPHIQUE

Paris, le 5 août 8 h. du matin.

Le Ministre de l'Intérieur à Messieurs les Préfets et Sous-Préfets

Paris, 5 août, midi 45 m.

Trois régiments de la division Douay et une brigade de cavalerie légère ont été attaqués à Wissembourg par des forces très-considérables massées dans les bois qui bordent la Lauter.

Ces troupes ont résisté pendant plusieurs heures aux attaques de l'ennemi, puis se sont repliées sur le col de Pigeonnier, qui commande la ligne de Bitsch.

Le général Douay-Abel a été tué. Une de nos pièces de canon dont les chevaux avaient été tués et l'affût brisé est tombée au pouvoir de l'ennemi.

Le maréchal Mac-Mahon concentre sur les lieux les forces placées sous son commandement.

Le 5 août 4 h. 30 m.

Le maréchal Mac-Mahon occupe avec son corps d'armée une forte position. On est en communication télégraphique avec tous les corps de l'armée.

Pour copie conforme :
Le Sous-Préfet de Toulon, E. TESTE-LEBEAU.

Toulon. — Typ. J. LAURENT, rue Royale, 49.

DÉPÊCHE TÉLÉGRAPHIQUE

Paris, 5 août 1870.

Le Ministre de l'Intérieur à Messieurs les Préfets et Sous-Préfets

Journal Officiel. Les troupes françaises qui, au nombre de 7 à 8,000 soldats, ont été engagées devant Wissembourg, ont eu affaire à deux corps d'armées parmi lesquels se trouvaient des troupes d'élite appartenant à la garde prussienne. Malgré l'infériorité du nombre, nos régiments ont résisté pendant plusieurs heures, avec un héroïsme admirable et, lorsqu'ils se sont repliés, les pertes de l'ennemi étaient si considérables, qu'ils n'a pas osé les suivre.

Circulaire du Ministre de l'intérieur sur l'organisation des comités départementaux chargés de recueillir et de répartir les souscriptions nationales.

Pour copie conforme :
Le Sous-Préfet de Toulon, E. TESTE-LEBEAU.

Toulon. — Imprimerie de J. LAURENT, rue Royale. 49.

DÉPÊCHE TÉLÉGRAPHIQUE

Paris, le 6 août 1870.

Le Ministre de l'Intérieur à Messieurs les Préfets et Sous-Préfets.

Metz, le 6 août, 1 heure.

L'EMPEREUR AU MINISTRE DE L'INTERIEUR,

« Le maréchal Mac-Mahon n'a pas eu le temps d'envoyer un rapport au quartier général ; il a simplement écrit qu'il était toujours dans une bonne position où il était rejoint par un autre corps d'armée.

« Signé : NAPOLEON. »

Pour copie conforme :

Le Sous-Préfet de Toulon,
TESTE-LEBEAU.

DÉPÊCHE TÉLÉGRAPHIQUE

Paris, le 7 août 1870, 6 heures 40.

Le Ministre de l'Intérieur à Messieurs les Préfets et Sous-Préfets.

Metz, 7 août, 4 heures 30 matin.

Après une série d'engagements dans lesquels l'ennemi a déployé des forces considérables, le maréchal Mac-Mahon s'est replié en arrière de la première ligne.

Le corps du général Frossard a eu à lutter hier depuis deux heures contre une armée ennemie tout entière.

Après avoir tenu dans ses positions jusqu'à 6 heures, il a opéré sa retraite en bon ordre, les détails sur nos pertes manquent, nos troupes sont pleines d'élan, la situation n'est pas compromise mais l'ennemi est sur notre territoire et un sérieux effort est nécessaire. Une bataille paraît imminente.

POUR COPIE CONFORME :
Le Sous-Préfet de Toulon, E. TESTE-LEBEAU.

DÉPÊCHE TÉLÉGRAPHIQUE

Paris, 7 août, 6. h. 40 s.

Le Ministre de l'Intérieur à Messieurs les Préfets et Sous-Préfets

FRANÇAIS,

Nous vous avons dit toute la vérité, maintenant à vous de remplir votre devoir. Qu'un même cri sorte de toutes les poitrines d'un bout de la France à l'autre.

Que le peuple entier se lève frémissant, dévoué pour soutenir le grand combat. Quelques-uns de nos régiments ont succombé sous le nombre. Notre armée n'a pas été vaincue. Le même souffle intrépide l'anime toujours. Soutenons-la ! A l'audace momentanément heureuse, opposons la ténacité qui dompte le destin !

Replions-nous sur nous-mêmes et que nos envahisseurs se heurtent contre un rempart de poitrines humaines. Comme en 1792 et comme à Sébastopol, que nos revers ne soient que l'école de nos victoires.

Ce serait un crime de douter un instant du salut de la patrie et surtout de ne pas y contribuer. Debout ! donc, debout ! Et vous habitants du Centre, du Nord et du Midi sur qui ne pèse pas le fardeau de la guerre, accourez d'un élan unanime au secours de nos frères de l'Est. Que la France, unie dans le succès, se retrouve plus unie encore dans les épreuves, et que Dieu bénisse nos armes.

Le garde des sceaux, ministre de la justice et des cultes, Emile Ollivier ;
Le ministre des affaires étrangères, Grammont ;
Le ministre de l'intérieur, Chevandier de Valdrome.
Le ministre des finances, Segris ;
Le ministre de la guerre *par interim* général vicomte de Dejean ;
Le ministre de la marine et des colonies. A¹ Rigault de Genouilly ;
Le ministre de l'instruction publique, Mège ;
Le ministre des travaux publics, Plichon ;
Le ministre de l'agriculture et du commerce, Louvet ;
Le ministre des lettres, sciences et beaux-arts, Maurice Richard ;
Le ministre président le Conseil d'État, de Parieu.

Paris, 8 août, 5 h. 15 soir.

8 *août, 1 heure.* — L'ennemi ne paraît pas avoir fait de mouvement, notre armée se concentre. (Correspondance du quartier général.)

(Voir derrière).

Paris, 8 août, 7 h. soir.

PARISIENS,

Notre armée se concentre et se prépare à un nouvel effort. Elle est pleine d'énergie et de confiance. S'agiter à Paris, ce serait combattre contre elle et affaiblir au moment décisif la force morale qui lui est nécessaire pour vaincre. Nos ennemis y comptent, voici ce qu'on a saisi sur un espion prussien :

« Courage ! Paris se soulève, l'armée française sera prise entre deux feux. »

Nous préparons l'armement de la nation et la défense de Paris. Demain le Corps législatif joindra son action à la nôtre.

Que tous les bons citoyens s'unissent pour empêcher les rassemblements et les manifestations. Ceux qui sont pressés d'avoir des armes n'ont qu'à se présenter aux bureaux de recrutement, il leur en sera donné de suite pour aller à la frontière.

Emile Ollivier, Rigault de Genouilly, Plichon, Maurice Richard, duc de Grammont, de Dejean, Louvet, De Parieu, Chevandier de Valdrome, Segris, Mège.

TOULON, 8 heures 10 minutes.

Paris, 8 août, 11 heures 45 soir.

Le *Ministre de l'intérieur au Sous-Préfet de Toulon*.

Metz, 8 août, 10 heures 15 soir.

Le corps du général de Failly qui n'a pas été engagé rallie l'armée. Il n'a pas été inquiété. Le maréchal Mac-Mahon exécute les mouvements qui lui ont été prescrits ; il n'y a pas eu d'engagement dans la journée du 8.

La proclamation des ministres a été reçue avec enthousiasme. (Correspondance du quartier général.)

Pour copie conforme : *Le Sous-Préfet de Toulon*, E. TESTE-LEBEAU.

DÉPÊCHE TÉLÉGRAPHIQUE

Paris, 7 août 1870, 9 h. 50, matin.

Le Ministre de l'Intérieur à Messieurs les Préfets et Sous-Préfets.

Un supplément au *Journal officiel* contient la proclamation suivante :

FRANÇAIS,

Jusqu'à cette heure nous avons toujours donné, sans réserve, toutes les nouvelles certaines que nous avons reçues. Nous continuerons à le faire. Cette nuit nous avons reçu les dépêches suivantes :

Metz, minuit et demi.

Le maréchal Mac-Mahon a perdu une bataille sur la Sarre. Le général Frossard a été obligé de se retirer. Cette retraite s'opère en bon ordre. Tout peut se rétablir.

NAPOLÉON. —

Metz, 7 août, 3 h. 20 du matin.

Mes communications sont interrompues avec le maréchal Mac-Mahon. Je n'ai pas eu de nouvelles de lui jusqu'à hier. C'est le général de L'Aigle qui m'a annoncé que le maréchal de Mac-Mahon avait perdu une bataille contre des forces considérables et qu'il se retirait en bon ordre.

D'un autre côté, sur la Sarre, un engagement a commencé vers 1 heure, il ne paraissait pas très-sérieux, lorsque petit à petit les masses ennemies se sont accrues considérablement, cependant sans obliger le 2e corps d'armée à reculer, ce n'est qu'entre 6 et 7 heures du soir que les masses ennemies devenant toujours plus compactes, le 2e corps et les régiments qui le soutiennent se sont retirés sur les hauteurs ; la nuit a été calme, je vais me placer au centre de la position.

NAPOLÉON.

Metz, 7 août, 4 heures 50 matin.

Le Major Général au Ministre de l'Intérieur,

Après une série d'engagements dans lesquels l'ennemi a déployé des forces considérables le maréchal Mac-Mahon s'est replié en arrière de la première ligne.

Le corps du général Frossard a eu à lutter hier depuis deux heures contre une armée ennemie tout entière.

Après avoir tenu dans ses positions jusqu'à 6 heures, il a opéré sa retraite en bon ordre, les détails sur nos pertes manquent, nos troupes sont pleines d'élan, la situation n'est pas compromise, mais l'ennemi est sur notre territoire et un sérieux effort est nécessaire. Une bataille paraît imminente.

En présence de ces graves nouvelles notre devoir est tracé. Nous faisons appel au patriotisme et à l'énergie de tous. Les Chambres sont convoquées. Nous mettons d'urgence Paris en état de défense. Pour faciliter l'exécution des préparatifs militaires nous déclarons l'état de siège.

Pas de défaillances ! Pas de divisions ! Nos ressources sont immenses. Luttons avec fermeté et la patrie sera sauvée.

Paris, 7 août 1870, 6 h. matin.

Cette proclamation est signée par tous les ministres ; un décret inséré au même supplément convoque les deux Chambres pour le 11 août.

CHEVANDIER DE VALDROME.

Pour copie conforme :
Le Sous-Préfet de Toulon, E. TESTE-LEBEAU.

Toulon. — Typ. J. Laurent, rue Royale, 49.

DÉPÊCHE TÉLÉGRAPHIQUE

Paris, 7 août 1870, midi.

Le Ministre de l'Intérieur à Messieurs les Préfets et Sous-Préfets.

Metz, 7 août, 6 heures matin.

Dans l'affaire qui a eu lieu hier à Forbach, il n'y a eu que le 5e corps engagé, soutenu par deux divisions des autres corps. Le corps du général Ladmirault, celui du général de Failly et la Garde n'ont pas combattu. Le combat a commencé à 1 heure ; il semblait sans importance, mais bientôt de nombreuses troupes se sont embusquées dans les bois, essayant de tourner la position.

A cinq heures les Prussiens semblaient repoussés et ils renoncèrent à l'attaque, mais un nouveau corps arrivant de Werden, sur la Sarre, obligea le général Frossard à se retirer.

Aujourd'hui les troupes qui se trouvaient divisées se concentrent sur Metz.

Dans la bataille qui a eu lieu près de Freischwiller, le maréchal Mac-Mahon avait cinq divisions. Le corps d'armée du général de Failly n'avait pu le rejoindre. On n'a que des détails très-vagues. On dit qu'il y a eu plusieurs charges de cavalerie, mais les Prussiens avaient des mitrailleuses qui nous firent beaucoup de mal.

NAPOLÉON.

Metz, 7 août, 8 heures 25 matin.

Le moral des troupes est excellent. La retraite s'effectuera en très-bon ordre. On n'a pas de nouvelles de Frossard, qui paraît cependant s'être retiré cette nuit en bon ordre.

Pour copie conforme : *Le Sous-Préfet de Toulon,* E. TESTE-LEBEAU.

DÉPÊCHE TÉLÉGRAPHIQUE

Paris, 7 août 1870, 2 h. 30 soir.

Le Ministre de l'Intérieur à Messieurs les Préfets, Sous-Préfets et Gouverneur général de l'Algérie,

PROCLAMATION DE L'IMPÉRATRICE RÉGENTE

FRANÇAIS,

Le début de la guerre ne nous est pas favorable ; nos armes ont subi un échec. Soyons fermes dans ce revers et hâtons-nous de le réparer ; qu'il n'y ait parmi nous qu'un seul parti : celui de l'honneur national. Je viens au milieu de vous, fidèle à ma mission et à mon devoir, vous me verrez la première au danger pour défendre le drapeau de la France. J'adjure tous les bons citoyens de maintenir l'ordre, le troubler serait conspirer avec nos ennemis.

Fait au palais des Tuileries, le 7 août 1870, 11 heures du matin.

L'IMPÉRATRICE EUGÉNIE.

Metz, 7 août, midi 1|2.

Le maréchal Mac-Mahon se replie et couvre Nancy. Les troupes qui sont autour de Metz sont dans d'excellentes dispositions. Trois corps d'armée tout entier n'ont pas encore donné. Les pertes de l'ennemi sont très considérables et ralentissent sa marche. Le mouvement de retraite de concentration s'accomplit. Le général Coffinières organise la défense.

(Correspondance du quartier général).

Metz, 7 août 1870, 5 heures 55 m.

L'ennemi n'a pas poursuivi vivement le maréchal Mac-Mahon. Depuis hier soir il a cessé toute poursuite ; le maréchal concentre ses troupes.

NAPOLÉON.

Pour copie conforme :

Le Sous-Préfet de Toulon, E. TESTE-LEBEAU.

DÉPÊCHE TÉLÉGRAPHIQUE

Toulon, 8 août, 11 heures 30.

Le Ministre de l'Intérieur à Messieurs les Préfets et Sous-Préfets

Metz, 7 août.

Les troupes continuent à se concentrer sans difficultés. Toute hostilité semble avoir cessé.

Les régiments engagés hier étaient : 32e, 35e, 70e, 8, 23e, 66e, 67e, 25e, 63e, 24e, 40e de ligne, avec les bataillons de chasseurs portant les numéros 5, 10, et 12.

NAPOLÉON.

Toulon, 1 heure, 30 m.
Metz, 8 août, 7 heures, 50 m.

L'armée se concentre pour marcher sur les Vosges et en défendre les passages. La nuit a été calme, il n'y a pas eu d'engagement.

NAPOLÉON.

Le Corps législatif est convoqué pour demain mardi.

CHEVANDIER DE VALDROME.

Pour copie conforme :
Le Sous-Préfet de Toulon, E. TESTE-LEBEAU.

Toulon, 2 heures.

On fait courir le bruit en ville qu'une dépêche de l'agence Havas annonce que 700,000 Prussiens marchent sur Paris. Aucune dépêche de ce genre n'est arrivée.

Le Sous-Préfet de Toulon,
TESTE-LEBEAU.

DÉPÊCHE TÉLÉGRAPHIQUE

TOULON, le 8 août 1870, 2 h. 10.

Le Ministre de l'Intérieur au Sous-Préfet de Toulon.

Strasbourg, 8 août, 11 h. du matin.

Le Préfet du Bas-Rhin au Ministre de l'Intérieur.

Les Prussiens n'ont point passé le Rhin cette nuit à Marhollsheim près Schlestad comme le croyait le Sous-Préfet. Toutes les mesures sont prises pour mettre la place en état de défense.

Signé : CHEVANDIER DE VALDROME.

TOULON, 8 août, 3 heures soir.

Le Ministre de l'Intérieur à M. le Sous-Préfet de Toulon.

Le *Journal officiel* d'aujourd'hui 8 août publie :

Décret convoquant le Sénat et le Corps législatif pour mardi 9 août.

Décret appelant tous les citoyens valides, de 30 à 40 ans, à faire partie de la garde nationale sédentaire. La garde nationale de Paris est affectée à la défense de la capitale et à la mise en défense des fortifications.

Un projet de loi sera présenté pour incorporer dans la garde nationale mobile les citoyens âgés de moins de 30 ans qui n'en font pas actuellement partie.

Rapport à l'Impératrice régente sur la défense de Paris et sur l'état des forces nouvelles qui ont été mises immédiatement à la disposition de l'Empereur.

POUR COPIE CONFORME :

Le Sous-Préfet de Toulon, E. TESTE-LEBEAU.

---

12 bis.   Toulon. — Typ. J. LAURENT, rue Royale, 49.

DÉPÊCHE TÉLÉGRAPHIQUE

TOULON, le 8 août 1870, 10 h. 50 soir.

Paris, 8 août, 3 heures.

Le Ministre de l'Intérieur à M. le Sous-Préfet de Toulon.

Metz, 8 août 1870, 10 heures 50 matin.

Le général de Failly est en communication avec le maréchal Mac-Mahon.
Le moral de l'armée est excellent. Il n'y a pas eu d'attaque depuis ma dépêche d'hier. Dans la bataille de Froschwiller 140,000 hommes ont attaqué le corps de Mac-Mahon fort de 35,000 hommes. (Correspondance du quartier général.)

Signé : CHEVANDIER DE VALDROME.

Pour copie conforme :
Le Sous-Préfet de Toulon, E. TESTE-LEBEAU.

Toulon. — Typ. J. LAURENT, rue Royale, 49.

Prix : **CINQ centimes**.

DÉPÊCHE TÉLÉGRAPHIQUE

TOULON, 9 août 1870, 8 heures 15 soir.

Paris, 9 août, 11 heures matin.

Le Ministre de l'Intérieur à Messieurs les Préfets et Sous-Préfets.

Je vous transmets les dépêches du quartier général au fur et à mesure que je les reçois. Les retards qu'elles éprouvent parfois proviennent de ce que les lignes télégraphiques sont encombrées par les dépêches du ministre de la guerre et de la marine. Prévenez-en les populations.

CHEVANDIER DE VALDROME.

Metz, 9 août, 1 heure 45 soir.

Rien de nouveau à signaler.

CHEVANDIER DE VALDROME.

Metz, le 9 août, 4 heures 20 soir.

L'Empereur s'est rendu ce matin au quartier général du maréchal Bazaine qui prend le commandement des troupes réunies sous Metz. Le général Decamp a été placé à la tête du 5e corps qu'il commandait.

L'Empereur a reçu un accueil chaleureux de la population et de l'armée où éclatent les sentiments du plus énergique patriotisme. Tout le monde espère avec ardeur reprendre la lutte. Nos dispositions sont excellentes. Tous les corps sont en communication. Le maréchal Mac-Mahon a rallié la plus grande partie de son armée et se replie en bon ordre sur Nancy. (Correspondance du quartier général.)

POUR COPIE CONFORME : *Le Sous-Préfet de Toulon*, E. TESTE-LEBEAU.

Toulon. — Typ. J. LAURENT, rue Royale, 49.

DÉPÊCHE TÉLÉGRAPHIQUE

TOULON, 9 août 1870, 1 heure 30 soir.

Paris, 9 août.

Le Ministre de l'Intérieur à Messieurs les Préfets et Sous-Préfets

Les départements compris dans les 1re, 3e, 4e et 7e divisions territoriales et les départements de la Côte-d'Or, de Saône-et-Loire, de l'Ain et du Rhône sont déclarés en état de siége.
Paris est tranquille.

(Extrait du *Journal officiel.*)

TOULON, 9 août, 2 heures 30 soir.

Metz, 9 août, 8 heures 55 matin.

L'armée est en grande partie concentrée en avant de Metz. Le maréchal Bazaine a la direction des opérations. Le corps du général Frossard se retire en bon ordre sur Metz. La nuit a été calme. L'Empereur vient de se rendre au quartier du maréchal Bazaine. (Correspondance du quartier général.)

Pour copie conforme :
Le Sous-Préfet de Toulon, E. TESTE-LEBEAU.

Toulon. — Typ. J. LAURENT, rue Royale, 49.

DÉPÊCHE TÉLÉGRAPHIQUE

Paris, 9 août, 3 h. 50 du soir.

Le Ministre de l'intérieur au Sous-Préfet de Toulon.

DÉCLARATION DU GOUVERNEMENT FRANÇAIS AUX CHAMBRES

MESSIEURS,

L'Empereur vous a promis que l'Impératrice vous rappellerait si les circonstances devenaient difficiles ; nous n'avons pas voulu attendre pour vous réunir que la situation de la Patrie fût compromise ; nous vous avons appelé aux premières difficultés. Quelques corps de notre armée ont éprouvé des échecs ; mais la plus grande partie n'a été ni vaincue ni même engagée ; celle qui a été repoussée ne l'a été que par une force 4 ou 5 fois plus considérable qu'elle, et elle a déployé dans le combat un héroïsme sublime qui lui vaudra une gloire au moins égale à celle des triomphateurs.

Tous nos soldats qui ont combattu comme ceux qui attendent l'heure de combattre sont animés de la même ardeur, du même élan, du même patriotisme, de la même confiance dans une revanche prochaine. Aucune de nos défenses naturelles ou de nos forteresses n'est entre les mains de l'ennemi, nos ressources immenses sont intactes ; au lieu de se laisser abattre par les revers que cependant il n'attendait pas, le pays sent son courage grandir avec les épreuves. Nous vous demandons à nous aider, à soutenir et à augmenter le mouvement national et à organiser la levée en masse de tout ce qui est valide dans la nation. Tout est préparé, Paris va être en état de défense et son approvisionnement est assuré pour longtemps. La garde nationale sédentaire s'organise partout.

Les régiments des pompiers de Paris, les douaniers sont réunis à l'armée active, tous les hommes de l'inscription maritime qui ont plus de six ans de service sont rappelés. Nous abrégeons les formalités auxquelles sont assujettis les engagements volontaires, nous comblerons avec nos forces disponibles les vides de notre armée et pour pouvoir combler plus complètement et pour réunir une nouvelle armée de 450,000 hommes, nous vous proposons d'abord d'augmenter la garde nationale mobile en y appelant tous les hommes non mariés de 25 à 30 ans, de nous accorder la possibilité d'incorporer la garde mobile dans l'armée active et d'appeler sous les drapeaux tous les hommes disponibles de la classe de 1870, ne reculant devant aucun des devoirs que les événements nous imposent.

Nous avons mis en état de siége Paris et les départements que l'ennemi menace. Aux ressources dont ils disposent contre nous les Prussiens espèrent ajouter celles qui naîtraient de nos discordes intestines et ils considèrent le désordre à Paris comme leur valant une armée. Cette espérance impie sera détrompée.

Une immense majorité de la ville de Paris conservera son attitude patriotique. Quant à nous nous ne ferons pas seulement appel à la garde nationale courageuse et dévouée de Paris, nous appellerons à Paris la garde nationale de la France entière et défendrons l'ordre avec d'autant plus de fermeté d'âme que dans cette occasion surtout l'ordre, c'est le salut.

Paris, 9 août 1870. — Le ministère se retire. Le général comte de Palikao est chargé par l'Impératrice de former le cabinet.

POUR COPIE CONFORME :
Le Sous-Préfet de Toulon, E. TESTE-LEBEAU.

Toulon. — Imprimerie de J. LAURENT, rue Royale, 49.

Prix : CINQ centimes.

DÉPÊCHE TÉLÉGRAPHIQUE

TOULON, 10 août 1870, 9 heures du matin.

Paris.

Le Ministre de l'Intérieur à Messieurs les Préfets et Sous-Préfets.

Metz, 9 août, 9 heures 25 soir.

Il n'y a eu aucun engagement sur le front de l'armée du maréchal Bazaine. On a exécuté quelques reconnaissances de cavalerie qui ont donné des indications sur les positions de l'ennemi. Dans une d'elles un escadron de hussards s'est mesuré avec des uhlans Prussiens. De notre côté il y a eu un officier tué et un officier blessé, la reconnaissance ennemie a été refoulée.

(Correspondance du quartier général.)

Pour copie conforme :
Le Sous-Préfet de Toulon, E. TESTE-LEBEAU.

Prix : **CINQ centimes.**

DÉPÊCHE TÉLÉGRAPHIQUE

Paris, 10 août 1870, 9 heures, 10 matin.

Le Ministre de l'Intérieur à MM. les Préfets, Sous-Préfets et à M. le Gouverneur général de l'Algérie.

Décret. — Pourront être appelés sur la flotte au fur et à mesure que l'exigeront les besoins des armements, les inscrits maritimes ayant accomplis la période obligatoire de six ans de service.

(Extrait du *Journal Officiel.*)

TOULON, 10 août 1870, 3 heures 15 soir.

Paris.

Le Ministre de l'Intérieur à Messieurs les Préfets et Sous-Préfets.

Metz, 10 août, 8 heures 30 matin.

L'Empereur est allé visiter les cantonnements de l'armée. Depuis 48 heures les approvisionnements affluent sur les points de concentration, le matériel de l'artillerie augmente chaque jour, les soldats sont reposés et attendent le signal de l'action, nous continuons à n'avoir aucun détail officiel sur les affaires du 6.

(Correspondance du quartier général.)

POUR COPIE CONFORME :
Le Sous-Préfet de Toulon, E. TESTE-LEBEAU.

Toulon. — Imprimerie de J. LAURENT, rue Royale. 40.

DÉPÊCHE TÉLÉGRAPHIQUE

TOULON, 10 août 1870, 10 heures 15 soir.

Paris 10 août, 2 h. 15 soir.

Le Ministre de l'Intérieur à Messieurs les Préfets et Sous-Préfets

Strasbourg 10 août.

La journée et la nuit ont été calmes à Strasbourg. Nous avons continué à prendre toutes les mesures défensives nécessaires.

Paris 10 août, 4 h. 45 soir.

Le nouveau ministère est ainsi composé :
Guerre, comte de Palikao.
Intérieur, Henri Chevreau.
Affaires étrangères, Prince de Latour d'Auvergne.
Travaux publics, Jérome David.
Président le conseil d'état, Busson-Billault.
Agriculture et commerce, Clément Duvernois.
Marine, Rigault de Genoully.
Instruction publique, Brame.
Justice, Grandperré.

Paris, 10 août, 6 heures 20 soir.

Le Corps législatif vient de voter à l'unanimité un projet de loi qui contient les dispositions suivantes :

1° Remerciements à l'armée. Elle a bien mérité de la patrie ;

2° Tous les citoyens non mariés ou veufs sans enfants ayant 25 ans accomplis et moins de 35 ans, qui ont satisfait à la loi du recrutement, et ne figurent pas sur les contrôles de la garde nationale mobile, sont appelés sous les drapeaux pendant la durée de la guerre ;

3° 25 millions sont appliqués à venir en aide aux familles des citoyens compris dans cette catégorie ;

4° Les anciens militaires pourront s'engager ou remplacer jusqu'à l'âge de quarante-cinq ans ;

5° Les personnes valides de tout âge pourront contracter un engagement dans l'armée active ;

6° Le contingent de 1870 se compose de tous les jeunes gens inscrits sur le tableau de recensement qui ne se trouveront dans aucun des cas d'exemption ou de dispenses prévus par la loi modifiée du 21 mars 1832.

POUR COPIE CONFORME : *Le Sous-Préfet de Toulon*, E. TESTE-LEBEAU.

Toulon.— Typ. J. LAURENT, rue Royale, 49

Prix : CINQ centimes.

DÉPÊCHE TÉLÉGRAPHIQUE

TOULON, 11 août, 1 heure matin.

Paris.

Le Ministre de l'Intérieur à Messieurs les Préfets et Sous-Préfets.

Paris est parfaitement calme ; la séance d'aujourd'hui au Corps législatif a été admirable de patriotisme. Des mesures énergiques sont prises pour l'armement de toutes les forces vives de la nation prêtes à marcher à la frontière.

TOULON, 11 août 1870, 9 heures 30 matin.

Metz, 10 août 1870, 4 heures 50 soir.

Jusqu'à aujourd'hui 1 heure pas d'attaque à notre aile gauche. Les détails manquent encore sur la bataille de Froschwiller. Le maréchal de Mac-Mahon y a eu un cheval tué sous lui. Une brigade de cavalerie de réserve et une division du corps du général de Failly, arrivées sur le champ de bataille à la fin de la journée, ont couvert la retraite.

La poursuite de l'ennemi très éprouvé également, n'a été vive qu'au début. Le maréchal, après être resté 25 heures à cheval, a passé la journée de dimanche 7, à Saverne, qui a été occupée le soir par les Prussiens. On signale de loin en loin la présence de quelques coureurs ennemis, mais la poursuite à l'arrière-garde du corps du maréchal Mac-Mahon ne parait pas avoir été vive. Les chirurgiens qui donnent des secours à nos blessés portent tous le brassard blanc institué par la Convention de Genève. Ils font preuve de la plus louable humanité.

Nos forces arrivent et les transports se font par les soins de la Compagnie de l'Est avec une grande régularité. — (Correspondance du quartier général).

TOULON, 11 août, 11 h. 30 matin.

Metz, 10 août 1870, 10 heures 50 soir.

La journée s'achève sans qu'il y ait eu d'engagement à signaler.

Nous n'avons toujours aucun état de nos pertes dans les deux affaires du 6.

Les populations de Metz et des pays voisins offrent à nos troupes le concours le plus patriotique.

(Correspondance du quartier général.)

Le Ministre de l'Intérieur : HENRI CHEVREAU.

POUR COPIE CONFORME :
Le Sous-Préfet de Toulon, E. TESTE-LEBEAU.

21 bis. Toulon. — Imprimerie de J. LAURENT, rue Royale. 49.

Prix : **CINQ centimes.**

DÉPÊCHE TÉLÉGRAPHIQUE

TOULON, 11 août.

Paris, 11 août, 9 heures 20.

Le Ministre de l'Intérieur à Messieurs les Préfets et Sous-Préfets.

Le *Journal officiel* d'aujourd'hui contient une circulaire du Ministre de la guerre pour simplifier les formalités des engagements volontaires et avertir les sous-officiers libérés de la cavalerie, de l'artillerie et du train des équipages qui contracteraient des engagements pour le train des équipages militaires qu'ils entreront immédiatement en possession de leurs galons.

Metz, 11 août.

Pas d'engagement. Il a plu cette nuit à torrents. Le moral des troupes est admirable.

(Correspondance du quartier général).

TOULON, 12 août, 6 h. matin.

Metz, 11 août, 9 heures, 20 soir.

La pluie est tombée pendant tout le jour, l'armée réunie sous Metz se ravitaille et reçoit des renforts, la retraite des corps du maréchal Mac-Mahon et du général de Failly se continue dans de bonnes conditions, le maréchal Bazaine visite les troupes placées sous son commandement.

(Correspondance du quartier général.)

TOULON, 12 août 1870, midi.

AVIS ADMINISTRATIF.

Une circulaire du Ministre de l'intérieur de ce matin recommande la formation de compagnies de *gardes nationaux volontaires ou de francs-tireurs pour marcher à l'ennemi*. Ces volontaires recevront la solde des troupes, soit un franc par jour tout compris. Les habitants tiendront à honneur de les loger. Avis ultérieur sera donné du lieu où ils devront-être dirigés.

Le Sous-Préfet de Toulon, signé : Teste-Lebeau.

Paris, 12 août, 9 heures matin.

Le *Journal officiel* du jour publie un rapport du maréchal Mac-Mahon sur la bataille de Reischoffen.

Un décret prescrit l'organisation de deux régiments de gendarmerie.

Pour copie conforme :
Le Sous-Préfet de Toulon, E. Teste-Lebeau.

Toulon. — Imprimerie de J. LAURENT, rue Royale, 49.

Prix : CINQ centimes.

DÉPÊCHE TÉLÉGRAPHIQUE

TOULON, 13 août, 2 heures matin.

Paris, 12 août, 8 heures 55 soir.

Le Ministre de l'Intérieur à Messieurs les Préfets et Sous-Préfets.

Metz, 12 août 1870, 4 heures soir.

L'état des pertes du 2e corps est expédié ce soir par la poste. Le maréchal Mac-Mahon pourra vous envoyer directement celui du 1er corps. Notre cavalerie a poussé ce matin une brillante reconnaissance sur le Nied. Les coureurs ennemis s'avancent très loin mais le gros des forces est en arrière.

(Correspondance du quartier général).

TOULON, 13 août, 6 heures matin.

Paris.

Le major général a résigné ses fonctions ainsi que le général Lebrun, premier aide-major-général.

Quelques éclaireurs ennemis se sont portés à la gare de Frouard ; ils ont été repoussés. Leur officier a été fait prisonnier.

(Correspondance du quartier général.)

Paris.

Une dépêche annonce que les communications avec Strasbourg sont interrompues.

Aux dernières nouvelles les Prussiens se massaient autour de la ville.

Pour copie conforme :
Le Sous-Préfet de Toulon, E. TESTE-LEBEAU.

Toulon. — Imprimerie de J. LAURENT, rue Royale, 49.

Prix : CINQ centimes.

DÉPÊCHE TÉLÉGRAPHIQUE

TOULON, 13 août, 3 heures 30 soir.

Le Ministre de l'Intérieur à Messieurs les Préfets et Sous-Préfets

Paris, 15 août.

La correspondance du quartier général ne signale rien de nouveau.

Le *Journal officiel* publie la loi relative au cours légal des billets de la Banque de France et celle sur la garde nationale.

Les gardes nationaux mobiles des divisions militaires de 8 à 22 seront réunies immédiatement au chef lieu de chaque département au contingent duquel ils appartiennent.

Le maréchal Bazaine est nommé commandant en chef de 2e, 3e et 4e corps d'armée.

Sont nommés le général Decaen, commandant du 3e corps ; le général Trochu, commandant en chef au 12e corps à Châlons, composé de plus de 35,000 hommes ; le général Vinoy, commandant en chef du 15e corps.

La session des conseils généraux est ajournée.

Pour copie conforme : *Le Sous-Préfet de Toulon*, E. TESTE-LEBEAU.

Toulon. — Typ. J. LAURENT, rue Royale, 49.

Prix : CINQ centimes.

DÉPÊCHE TÉLÉGRAPHIQUE

TOULON, 13 août, 7 heures 25 soir.

Paris, 13 août, 2 heures 50 soir.

Le Ministre de l'Intérieur à Messieurs les Préfets et Sous-Préfets.

Metz, 13 août, 10 heures 45 matin.

Des coureurs ennemis se sont répandus hier dans la vallée de la Moselle. Un détachement a occupé un instant Pont-à-Mousson, la brigade de cavalerie Marguerite l'en a délogé. Après un combat nous avons fait une trentaine de prisonniers.

On continue à saisir de nombreux espions.

Les divisions qui ont rejoint l'armée sont dans un état excellent.

(Correspondance du quartier général.)

TOULON, 14 août 3 h. 40 soir.

Paris.

Les correspondances télégraphiques étaient interrompues hier entre Paris et Nancy. Dans la nuit le bureau de Toul a fait savoir que Nancy devait être occupé par un détachement de cavalerie ennemie. Ce matin la compagnie de l'Est confirme cette nouvelle.

Pour copie conforme :
Le Sous-Préfet de Toulon, E. TESTE-LEBEAU.

Toulon. — Typ. J. LAURENT, rue Royale, 49.

Prix : CINQ centimes.

DÉPÊCHE TÉLÉGRAPHIQUE

TOULON, 14 août, 9 heures 30 soir.

Paris.

Le Ministre de l'Intérieur à Messieurs les Préfets et Sous-Préfets

Metz, 14 août, 1 heure 40 soir.

Hier de fortes colonnes ennemies se sont présentées à quelque distance de nos campements. Ce matin elles s'étaient éloignées. La voie ferrée est interceptée entre Frouard et Nancy. Des compagnies de francs-tireurs marchent en grand nombre. Des approvisionnements considérables, sont arrivés dans la place de Metz.

Depuis deux jours la pluie a cessé de tomber, il n'y a à signaler que quelques engagements d'éclaireurs.

(Correspondance du quartier général.)

Rien de nouveau de Nancy et de Strasbourg.

Pour copie conforme : *Le Sous-Préfet de Toulon*, E. TESTE-LEBEAU.

Toulon. — Typ. J. LAURENT, rue Royale, 49.

Prix : CINQ centimes.

DÉPÊCHE TÉLÉGRAPHIQUE

TOULON, 15 août, 3 heures matin.

Paris.

Le Ministre de l'Intérieur à Messieurs les Préfets et Sous-Préfets

Metz, 14 août 1870, 8 h. 10 du soir.

Préfet au Ministre de l'Intérieur :

L'Empereur est parti aujourd'hui à 2 heures avec le prince Impérial se dirigeant sur Verdun.

Avant de quitter Metz, Sa Majesté a adressé la proclamation suivante :

« En vous quittant pour aller combattre l'invasion je confie à votre patriotisme la défense de cette grande cité. Vous ne permettrez pas que l'étranger s'empare de ce boulevard de la France et vous rivaliserez de dévouement et de courage avec l'armée.

« Je conserverai le souvenir reconnaissant de l'accueil que j'ai trouvé dans vos murs et j'espère que dans des temps plus heureux je pourrai revenir vous remercier de votre noble conduite.

« Du quartier impérial de Metz, le 14 août 1870.

« Signé : NAPOLÉON. »

TOULON, 15 août 4 h. matin.

Longueville, 14 août 1870, 10 h. 10 soir.

L'Empereur à l'Impératrice :

L'armée a commencé à passer sur la rive gauche de la Moselle. Ce matin nos reconnaissances n'avaient signalé la présence d'aucun corps ; mais lorsque la moitié de l'armée a eu passé les Prussiens ont attaqué en grandes forces. Après une lutte de 4 heures ils ont été repoussés avec de grandes pertes.

Signé : NAPOLÉON.

Le Ministre de l'intérieur, Henri CHEVREAU.

POUR COPIE CONFORME : *Le Sous-Préfet de Toulon*, E. TESTE-LEBEAU.

Prix : CINQ centimes.

DÉPÊCHE TÉLÉGRAPHIQUE

TOULON, 15 août, 3 heures 5 soir.

Paris.

Le Ministre de l'Intérieur à Messieurs les Préfets et Sous-Préfets

Le *Journal officiel* publie 1° une loi relative aux notaires et officiers ministériels ; 2° une circulaire du Ministre de la guerre relative aux anciens militaires de 25 à 35 ans appelés à l'activité par la loi du 10 août ; ils auront droit à une indemnité de route ; 3° une circulaire du Ministre de l'intérieur relative à l'organisation des gardes nationales sédentaires.

TOULON, 15 août 5 h. 30 soir.

Ce sont les corps des généraux Ladmiraut et Decaen qui ont été engagés dans le combat d'hier. Le maréchal Bazaine s'était porté de sa personne sur les lieux de la lutte.

L'ennemi a été repoussé après un combat de quatre heures. L'entrain des troupes a été admirable.

(Correspondance du quartier général.)

Le Ministre de l'intérieur, Henri CHEVREAU.

POUR COPIE CONFORME : *Le Sous-Préfet de Toulon*, E. TESTE-LEBEAU.

Prix : CINQ centimes.

DÉPÊCHE TÉLÉGRAPHIQUE

TOULON, 17 août, 11 heures 1/2 matin.

Le Sous-Préfet porte à la connaissance du public la dépêche suivante, qui a été affichée hier à Marseille :

Paris, 16 août midi.

Le Ministre de l'Intérieur à Messieurs les Préfets

Le Sous-Préfet de Verdun au Ministre de l'Intérieur

Verdun, 16 août, 6 heures 10 matin.

Pas de nouvelles, à Metz on ne sait rien.

On a entendu hier toute la journée gronder le canon entre Metz et Verdun.

Des voyageurs arrivés de cette direction disent qu'une grande bataille était engagée depuis la pointe du jour et que les Prussiens auraient perdu plus de 40,000 hommes dans le combat de la veille.

On s'est battu toute la matinée d'hier à l'extrémité de mon arrondissement, 28 kilomètres environ de Verdun.

Sur ce point l'ennemi aurait été vu opérant une retraite vers le Sud.

Le Ministre de l'Intérieur : Henri CHEVREAU.

Cette dépêche a dû être reçue hier à Draguignan, qui n'a pas informé Toulon. Les autorités ont adressé à qui de droit des réclamations motivées par la juste impatience du public.

Le Sous-Préfet de Toulon, E. TESTE-LEBEAU.

Prix : CINQ centimes.

DÉPÊCHE TÉLÉGRAPHIQUE

TOULON, 17 août, 12 heures 30 soir.

Paris.

Le Ministre de l'Intérieur à Messieurs les Préfets, Sous-Préfets et Gouverneur général de l'Algérie.

Le *Journal officiel* contient : 1° Un décret du 12 qui nomme commandant en chef de l'armée du Rhin le maréchal Bazaine et le général de division Jarras, chef d'état-major du maréchal; 2° la notification du blocus du littoral de la Prusse et des États allemands dans la mer du Nord.

TOULON, 17 août, 2 heures soir.

Paris.

Le ministre de la guerre a reçu hier soir 16 des nouvelles de l'armée qui continue à opérer son mouvement combiné après le brillant combat de dimanche soir. Dans la journée d'hier deux divisions ennemies ont cherché à l'inquiéter dans sa marche. Elles ont été repoussées. L'Empereur est arrivé ce soir au camp de Châlons où s'organisent de grandes forces.

Le Ministre de l'Intérieur : Henri CHEVREAU.

Pour copie conforme : *Le Sous-Préfet de Toulon,* E. TESTE-LEBEAU.

Prix : CINQ centimes.

DÉPÊCHE TÉLÉGRAPHIQUE

TOULON, 18 août, 4 heures du matin.

Paris 18 août 1 heure matin.

Le Ministre de l'Intérieur à Messieurs les Préfets et Sous-Préfets.

Dépêche du maréchal Bazaine.

17 août, 4 heures du soir.

Hier, pendant toute la journée, j'ai livré bataille à l'armée prussienne entre Doncourt et Vionville. L'ennemi a été repoussé et nous avons passé la nuit sur les positions conquises.

J'arrête quelques heures mon mouvement pour remettre mes munitions au grand complet. Nous avons eu devant nous le prince Frédéric Charles et le général Steinmetz.

TOULON, 18 août, 6 heures 20 matin.

Verdun, 17 août, 4 heures 50 soir.

Le Général Commandant supérieur au Ministre de la Guerre, Paris.

Je reçois à l'instant de Briey la dépêche suivante :

Bataille dure toujours du côté de Mars-la-Tour. Victoire paraît favorable. On amène de Briey grand nombre de blessés Français et Prussiens.

D'un autre côté, j'apprends par le commissaire de police de Briey qu'un corps de 1,200 hommes environ, artillerie et cavalerie, campe sur le plateau entre Buzzi et Saint-Jean. Ce corps a détaché des coureurs qui sont entrés à Briey.

Des voyageurs sérieux revenant de Mars-la-Tour parlent d'un engagement considérable dans la journée d'hier avec un grand corps de l'armée prussienne qui aurait été rejeté sur la Moselle et chargé avec la plus grande vigueur par la cavalerie de la garde. On dit que les généraux Bataille et Frossard sont blessés.

Le Ministre de la guerre, Comte de PALIKAO.

Ces renseignements ne provenant pas du maréchal commandant en chef l'armée sont donnés sous toutes réserves.

Le Ministre de l'Intérieur : Henri CHEVREAU.

POUR COPIE CONFORME : *Le Sous-Préfet de Toulon,* E. TESTE-LEBEAU.

Toulon. — Typ. J. LAURENT, rue Royale, 49

Prix : CINQ centimes.

DÉPÊCHE TÉLÉGRAPHIQUE

TOULON, 18 août, 9 h. 1/2 matin.

Paris, 18 août, 5 h. matin.

Le Ministre de l'Intérieur à Messieurs les Préfets et Sous-Préfets

Verdun, 17 août, 8 h. 5 soir.

Le Maréchal en chef au Ministre de l'Intérieur.

Quartier général, 16 août 1870.

Ce matin vers 9 heures les corps d'armée commandé par le prince Frédéric-Charles ont dirigé une attaque très-vive sur la droite de notre position.

La division de cavalerie du général Forton et le 2e corps d'armée commandé par le général Frossard ont fait bonne contenance. Les corps échelonnés à droite et à gauche de Rezonville sont venus successivement prendre part à l'action qui a duré jusqu'à la nuit tombante.

L'ennemi avait déployé des forces considérables et a essayé à plusieurs reprises des retours offensifs qui ont été vigoureusement repoussés.

A la fin de la journée un nouveau corps d'armée a cherché à déborder notre gauche, nous avons partout maintenu nos positions et infligé à l'ennemi des pertes considérables. Les nôtres sont sérieuses.

Le général Bataille a été blessé.

Au plus fort de l'action un régiment de uhlans a chargé l'état-major du maréchal, 20 hommes de l'escorte ont été mis hors de combat. Le capitaine qui la commandait a été tué.

A 8 heures du soir l'ennemi était refoulé sur toute la ligne.

On estime à 120,000 hommes le chiffre des troupes engagées.

Le Ministre de l'Intérieur, Henri CHEVREAU.

POUR COPIE CONFORME : *Le Sous-Préfet de Toulon,* E. TESTE-LEBEAU.

Prix : CINQ centimes.

DÉPÊCHE TÉLÉGRAPHIQUE

TOULON, 19 août, 1 h. 35 matin.

Paris, 18 août, 10 h. 40 soir.

Le Ministre de l'Intérieur à Messieurs les Préfets et Sous-Préfets

Quartier général, 18 août, 5 h. soir

Dans l'affaire du 16 le corps du général Ladmirault formait l'extrême droite de l'armée.

Un bataillon du 73e de ligne a détruit un régiment de lanciers prussiens et lui a enlevé son étendard.

Il y a eu plusieurs charges de cavalerie très-brillantes ; dans l'une d'elles le général Legrand a été tué en chargeant à la tête de sa division.

Le général Montaigu est disparu ; les généraux prussiens Doering et Wedel ont été tués, les généraux Grueter et Von Rauck sont blessés. Le prince Albert de Prusse, commandant la cavalerie, aurait été tué.

A la chûte du jour nous étions maîtres des positions précédemment occupées par l'ennemi.

Le lendemain 17 il y a eu près de Gravelotte quelques combats d'arrière garde.

On peut estimer approximativement à 150,000 hommes les forces que l'ennemi avait engagées contre nous dans la journée du 16.

Nous n'avons pas encore l'état de nos pertes d'une manière exacte.

(Correspondance du quartier général.)

Le Ministre de l'Intérieur, Henri CHEVREAU.

POUR COPIE CONFORME : *Le Sous-Préfet de Toulon,* E. TESTE-LEBEAU.

DÉPÊCHE TÉLÉGRAPHIQUE

TOULON, 20 août, 3 heures 5 soir.

Paris.

Le Ministre de l'Intérieur à Messieurs les Préfets et Sous-Préfets.

Le *Journal officiel* publie : 1° un décret portant création d'une compagnie du génie de la garde mobile du Haut-Rhin pour la défense de Belfort ; 2° une circulaire du ministre de la guerre pour l'appel des hommes des deuxièmes portions des contingents qui, sans avoir été définitivement appelés à l'activité, ont été exercés dans les dépôts d'instruction et qui avaient, à la date du 10 août, 25 ans accomplis et moins de 35 ans.

TOULON, 20 août, 10 h. 30 soir.

Paris, 6 heures 15 soir.

Le Ministre de l'Intérieur à Messieurs les Préfets, Sous-Préfets, les Généraux de Division et de Subdivision.

Paris, 20 août 1870.

Dans la séance de la Chambre de ce jour, le général comte de Palikao pour répondre à la dépêche signée du roi de Prusse et publiée par les journaux étrangers qui attribue à son armée un grand avantage sur les troupes françaises dans la journée du 18, a fait connaître que, d'après ses informations, les trois corps d'armée prussiens réunis contre le maréchal Bazaine, auraient été rejetés dans les carrières de Jaumont.

Le Ministre de l'Intérieur : Henri CHEVREAU.

POUR COPIE CONFORME :
Le Sous-Préfet de Toulon, E. TESTE-LEBEAU.

DÉPÊCHE TÉLÉGRAPHIQUE

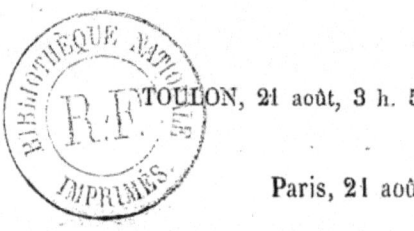

TOULON, 21 août, 3 h. 5 soir.

Paris, 21 août, 9 h. 30 matin.

Le Ministre de l'Intérieur à Messieurs les Préfets, Sous-Préfets, les Généraux de Division et de Subdivision.

Le *Journal officiel* publie : 1° Un décret relatif à un emprunt de 750 millions par souscription publique qui sera ouvert à partir du 23 août ; un décret nommant un comité de défense des fortifications de Paris composé du général Trochu, président, et de MM. le maréchal Vaillant, l'amiral Rigault de Genouilly, Jérôme David, ministre des travaux publics, et de généraux Chabaut-Latour, Guyon, d'Autemar et Soumarn ; 3° un décret portant création d'un régiment de marche de cavalerie de la garde impériale.

TOULON, 22 août, 5 heures matin.

Paris, 22 août, 12 h. 20 matin.

Le gouvernement n'ayant pas reçu de dépêches de l'armée du Rhin depuis deux jours par suite de l'interruption des communications télégraphiques, a lieu de penser que le plan arrêté par le maréchal Bazaine n'a pas encore abouti. La conduite héroïque de nos soldats à différentes reprises en présence d'un ennemi très-supérieur en nombre permet d'espérer la réussite d'opérations ultérieures.

Les coureurs de l'ennemi ont paru à Saint-Dizier.

Le Ministre de l'Intérieur : Henri CHEVREAU.

POUR COPIE CONFORME :

Le Sous-Préfet de Toulon,
TESTE-LEBEAU.

Prix : **CINQ** centimes.

DÉPÊCHE TÉLÉGRAPHIQUE

TOULON, 22 août, 10 h. 5 soir.

Paris, 22 août, 7 h. 20 soir.

Le Ministre de l'Intérieur à Messieurs les Préfets, Sous-Préfets Gouverneur général de l'Algérie et Généraux commandant les Divisions et Subdivisions

Dans la séance de ce jour, le général comte de Palikao a fait la déclaration suivante :

Messieurs les Députés,

Vous avez pu lire ce matin au *Journal officiel* une note que le gouvernement y a fait insérer. Cette note était l'expression de la vérité ce matin et nous l'avons publiée pour tenir la promesse que nous avons faite de dire toujours la vérité tout entière, quelque émotion que cela pût produire dans le public.

Depuis la publication de cette note, j'ai reçu des nouvelles du maréchal Bazaine. Ces nouvelles sont du 19, du maréchal lui-même.

Messieurs, ces nouvelles montrent de la part du maréchal une confiance que je partage, connaissant sa valeur et son énergie.

Je dois ajouter, sans entrer dans plus de détails en ce qui concerne les faits de guerre, que la défense de Paris marche avec une grande activité et que bientôt nous serons prêts à recevoir quiconque se présentera devant nos murs.

Le Ministre de l'Intérieur, Henri CHEVREAU.

Paris, 22 août, 2 h. 55 soir.
(Dépêche sans caractère officiel publiée sous toute réserve.)

Mézières, 22 août.

Les pertes éprouvées par les Prussiens dans le dernier combat de Jaumont sont effroyables. Plus de 40,000 de leurs soldats sont restés blessés sur le champ de bataille sans secours. La Prusse demande de les faire passer par la Belgique et le Luxembourg.

POUR COPIE CONFORME :
Le Sous-Préfet de Toulon, E. TESTE-LEBEAU.

Toulon. — Typ. J. LAURENT, rue Royale, 49.

Prix : CINQ centimes.

DÉPÊCHE TÉLÉGRAPHIQUE

TOULON, 25 août, 2 h. 5 du soir.

Paris, 7 heures 10 matin.

Le Ministre de l'Intérieur à Messieurs les Préfets, Sous-Préfets et Gouverneur général de l'Algérie.

Le *Journal officiel* de ce jour fait connaître que l'emprunt national de 750 millions et le supplément ont été couverts hier soir, souscription close ; mais que le chiffre total des départements ne sera connu que dans la journée. Il publie aussi des renseignements sur la marche de l'ennemi.

Le Ministre de l'Intérieur : Henri CHEVREAU.

POUR COPIE CONFORME : *Le Sous-Préfet de Toulon,* E. TESTE-LEBEAU.

Toulon, 25 août 1870, 8 h. 5 soir.

Pas de dépêches militaires officielles.

Mais une dépêche officieuse annonce que le *Figaro* d'aujourd'hui prétend qu'hier 24, les Prussiens auraient été battus entre Verdun et Chalons et que le même jour des groupes de Prussiens sont arrivés au camp en débandade.

(Publiée sous toutes réserves).

Le Sous-Préfet de Toulon, E. TESTE-LEBEAU.

---

37   Toulon. — Typ. J. LAURENT, rue Royale, 49

Prix : **CINQ centimes.**

DÉPÊCHE TÉLÉGRAPHIQUE

TOULON, 26 août, midi.

Le Ministre de l'intérieur à Monsieur le Sous-Préfet de Toulon.

Le *Journal officiel* de ce matin publie l'arrêté suivant pris par le gouverneur de Paris :

Art. 1er. — Tout individu dépourvu de moyens d'existence dont la présence à Paris constituerait un danger pour l'ordre public et la sécurité des personnes et des propriétés, ou qui se livrerait à des manœuvres de nature à affaiblir ou à entraver les mesures de défense et de sûreté générale, est expulsé de Paris.

Art. — L'infraction aux arrêtés d'expulsion sera déférée aux tribunaux militaires.

Signé : TROCHU.

TOULON, 26 août 1870, 10 h. soir.

Paris, 26 août, 8 heures soir.

Le Ministre de l'intérieur a annoncé à la tribune que le corps d'armée du prince royal continuait sa marche sur Châlons et Troyes et que des mesures étaient prises par le comité de défense pour la défense de Paris.

Le Ministre de l'Intérieur, Henri CHEVREAU.

POUR COPIE CONFORME :
Le Sous-Préfet de Toulon, E. TESTE-LEBEAU.

Toulon. — Typ. J LAURENT, rue Royale, 49.

Prix : **CINQ centimes**.

DÉPÊCHE TÉLÉGRAPHIQUE

TOULON, 27 août 1870, 1 heure soir.

Paris, 27 août, 8 h. 50 matin.

Le Ministre de l'Intérieur à Messieurs les Préfets, Sous-Préfets et Gouverneur général de l'Algérie.

Le *Journal officiel* publie : 1° Un décret qui nomme MM. Béhic et le généra Mellinet, sénateurs; Thiers, Daru, Dupuy de Lôme et de Thalouët, députés, membres du comité de défense des fortifications de Paris ; 2° un décret déclarant que les opérations du conseil de révision pour la classe de 1870 commenceront le 5 septembre ; 3° un décret portant création d'un sixième escadron dans les régiments de cavalerie ; 4° une note qui annonce que les blessés prussiens n'ont pas traversé et ne traversent pas la Belgique et le Luxembourg.

TOULON, 28 août 1870, minuit 30.

Paris, 27 août, 9 h. 55 matin.

Le Ministre de l'Intérieur à Messieurs les Préfets, Sous-Préfets Gouverneur général de l'Algérie et Généraux commandant les Divisions et Subdivisions

Par une dépêche arrivée aujourd'hui et datée du 25 août le sous-préfet de Verdun informe le Ministre de l'intérieur que cette ville a été réattaquée le 24 par un corps prussien de 8 à 10,000 hommes, commandé par le prince de Saxe; après un combat très-vif de trois heures pendant lequel plus de 300 obus ont été lancés contre la ville, les Prussiens fort maltraités par notre artillerie ont été repoussés sur toute la ligne. Nos pièces servies en grande partie par la garde nationale sédentaire ont causé de grands dommages à l'ennemi, nous avons eu 5 hommes tués, 3 gardes nationaux sédentaires, 1 mobile et 1 fantassin, 12 blessés dont 4 grièvement ; l'ennemi a tiré sur l'ambulance de l'évêché qui a reçu 17 projectiles. La population a été admirable de patriotisme et de mâle énergie.

Le Ministre de l'intérieur, Henri CHEVREAU.

POUR COPIE CONFORME :
Le Sous-Préfet de Toulon, E. TESTE-LEBEAU.

Toulon. — Typ. J. LAURENT, rue Royale, 49.

Prix : CINQ centimes.

DÉPÊCHE TÉLÉGRAPHIQUE

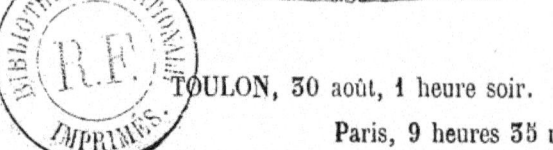

TOULON, 30 août, 1 heure soir.

Paris, 9 heures 35 matin.

Le Ministre de l'Intérieur à Messieurs les Préfets, Sous-Préfets et Gouverneur général de l'Algérie.

Le *Journal officiel* de ce jour publie : 1° un décret révoquant le maire d'Épernay ; 2° des nominations dans l'armée et dans la magistrature du Bas-Rhin, du Haut-Rhin et de la Meurthe.

TOULON, 31 août 1870, 2 heures matin.

Paris, 30 août, 11 heures 16 soir.

Le Ministre de l'Intérieur à Messieurs les Préfets, Sous-Préfets Gouverneur général de l'Algérie et Généraux commandant les Divisions et Subdivisions

La marche de l'ennemi sur Paris paraît arrêtée.
Le maréchal Mac-Mahon continue son mouvement.
Il n'y a pas eu d'engagement sérieux.

Le Ministre de l'Intérieur : Henri CHEVREAU.
POUR COPIE CONFORME : *Le Sous-Préfet de Toulon,* E. TESTE-LEBEAU.

Toulon.— Typ. J. LAURENT, rue Royale, 49

Prix : CINQ centimes.

DÉPÊCHE TÉLÉGRAPHIQUE

TOULON, 1er septembre, 11 h. du matin.

CORPS LÉGISLATIF (Séance du 31 août).

M. Keller a donné lecture d'une lettre qu'il a reçue de Strasbourg et qui annonce que les Prussiens assiégeants tirent sur la ville et non sur les remparts ; que par ce procédé ils ont déjà brûlé le quart de la ville, mais que les habitants, sommés de se rendre, préfèrent la mort plutôt que la reddition. Il ajoute qu'on assure que nos propres prisonniers sont employés par l'ennemi à ses tranchées contre la ville.

Ces révélations sur ces *sauvageries* ont produit une grande sensation sur la Chambre, qui a proclamé que Strasbourg *mérite bien de la patrie et ne cessera pas d'être française !*

M. Keller a alors demandé qu'un comité fut nommé pour se rendre dans le Haut-Rhin et y armer les populations qui se soulèveront comme un seul homme.

Le ministre de la guerre, comte de Palikao ayant pris ensuite la parole a annoncé que le brave général Ulrich qui commande à Strasbourg, déclare qu'il défendra la forteresse jusqu'à la dernière pierre et qu'il brûlerait lui-même la ville si elle gênait la défense générale.

Son Excellence aurait ajouté que des corps-francs français ont pénétré sur le territoire badois où ils usent de représailles ; que les Prussiens ont déjà 200,000 hommes hors de combat et que leurs frais de guerre dépassant 10 millions par jour le temps serait bien notre meilleur allié.

(Sous toutes réserves.)

Pour copie conforme :
Le Sous-Préfet de Toulon, E. TESTE-LEBEAU.

DÉPÊCHE TÉLÉGRAPHIQUE

Toulon, 3 septembre, 1 heure.
Le Ministre de l'Intérieur à Messieurs les Préfets, Sous-Préfets et Gouverneur général de l'Algérie.

Le *Journal officiel* d'aujourd'hui 3 publie un décret ordonnant la formation de 14 régiments d'infanterie de garde nationale mobile.

Pour copie conforme : *Le Sous-Préfet de Toulon*, E. TESTE-LEBEAU.

Paris, 2 septembre, matin.
Communication officieuse du Ministère de la Guerre.

En dehors des renseignements officiels qui font encore absolument défaut, différentes dépêches télégraphiques, datées de Belgique le 31 août, jusqu'à 4 heures 10 minutes du soir, et qui ont un grand caractère de probabilité, annoncent que, le 30, une série d'engagements entre le corps du maréchal de Mac-Mahon et l'ennemi ont eu lieu de 8 heures du matin à 8 heures du soir.

Nos troupes, qui avaient quitté les hauteurs boisées de Stoünes, où elles avaient été remplacées par les Prussiens, ont été attaquées. D'abord forcées à un mouvement de retraite, elles reprirent vigoureusement l'offensive de 2 heures à 6 heures, et la nuit venue, elles repassèrent la Meuse pour aller se reformer vers Donchery, sur la route de Mézières.

Les alternatives de cette première journée nous ont malheureusement coûté des pertes sensibles. Les Prussiens ont en outre brûlé Mouzon et tué une partie de ses habitants. De leur côté, nos troupes ont fait un mal considérable à l'ennemi. L'infanterie de marine s'est signalée par des prodiges de valeur et d'adresse.

Le lendemain 31, les Prussiens ont repris l'offensive à 7 heures du matin, sur la rive gauche de la Meuse, et la lutte s'est engagée entre Donzy et Donchery.

Attirés par le maréchal de Mac-Mahon dans un angle formé par les remparts de Sedan et les hauteurs de la rive gauche du fleuve, ils ont subi des pertes très sérieuses et se retiraient à midi vers Villemontry, après plusieurs tentatives inutiles pour repasser la Meuse.

Le 31 au matin, le maréchal de Mac-Mahon passait la Meuse à Mouzon. Ce fait est en contradiction flagrante avec la dépêche du roi qui annonce avoir refoulé les troupes du maréchal jusqu'au delà de la Meuse.

Tout fait supposer que de nouveaux engagements ont dû avoir lieu aujourd'hui.

Le préfet du Bas-Rhin a annoncé depuis que le 31 août, des francs-tireurs et des douaniers ont enlevé cinq grands bateaux et un petit, amarrés sur le territoire badois.

Le général Urich, commandant à Strasbourg, fait connaître que, malgré le bombardement qui continue nuit et jour, la ville tiendra contre toute attaque.

Paris, 2 septembre, 10 heures soir.
DEPECHE TELEGRAPHIQUE

Aucune communication officielle n'a été faite à la Chambre dans la journée.
Les dépêches belges continuent à être généralement favorables.
Les Français auraient pris 30 canons ; Bazaine marcherait vers Mac-Mahon.
(Sous toutes réserves.)

Le Sous-Préfet de Toulon, E. TESTE-LEBEAU.

Prix : **CINQ centimes.**

DÉPÊCHE TÉLÉGRAPHIQUE

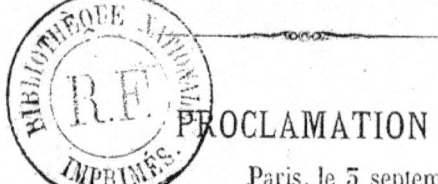

PROCLAMATION

Paris, le 3 septembre, 10 h. 25 soir.

FRANÇAIS,

Un grand malheur frappe la France.

Après trois jours de luttes héroïques soutenues par l'armée du maréchal Mac-Mahon contre 300,000 ennemis, 40,000 hommes ont été faits prisonniers.

Le général Wimpffen qui avait pris le commandement de l'armée en remplacement du maréchal Mac-Mahon, grièvement blessé a signé une capitulation.

Ce cruel revers n'ébranle pas notre courage.

Paris, aujourd'hui, est en état de défense.

Les forces militaires du pays s'organisent vivement.

Avant peu de jours une armée nouvelle sera sous les murs de Paris ; une autre armée se forme sur les rives de la Loire.

Votre patriotisme, votre union, votre énergie sauveront la France.

L'empereur a été fait prisonnier dans la lutte.

Le Gouvernement, d'accord avec les pouvoirs publics, prend toutes les mesures que comporte la gravité des événements.

Le Conseil des Ministres :

Signés : Général comte de Palikao, ministre de la guerre ; — Henri Chevreau, ministre de l'intérieur; — Amiral Rigault de Genouilly, ministre de la marine ; — Grandperret, garde des sceaux, ministre de la justice ; — P. Magne, ministre des finances ; — Baron Jérôme David, ministre des travaux publics ; — Prince de Latour-d'Auvergne, ministre des affaires étrangères; — J. Brame, ministre de l'instruction publique ; — Clément Duvernois, ministre de l'agriculture et du commerce ; — Busson-Billault, ministre président le conseil d'Etat.

Le Ministre de l'Intérieur, Henri CHEVREAU.

POUR COPIE CONFORME :

Le vice-amiral préfet maritime, commandant l'état de siége à Toulon,
CHOPART.

Toulon, 4 septembre 1870, 1 h. du matin.

Prix : CINQ centimes.

DÉPÊCHE TÉLÉGRAPHIQUE

Le vice-amiral, Préfet maritime du 5ᵉ arrondissement, commandant l'état de siége à Toulon, a reçu ce soir la dépêche télégraphique suivante.

Il s'empresse de la communiquer aux habitants de Toulon. En attendant qu'elle soit confirmée, il leur recommande le calme et la confiance. Lorsque la Patrie est en danger ce serait un acte de félonie de ne pas donner son concours au Gouvernement qui s'est chargé de la défense du territoire.

Paris, le 4 septembre 1870.

RÉPUBLIQUE FRANÇAISE

MINISTÈRE DE L'INTÉRIEUR

« La déchéance a été prononcée au Corps législatif. La République a été
« proclamée à l'Hôtel de ville. Un Gouvernement de défense nationale
« composé de onze membres, tous députés de Paris, a été constitué et ra-
« tifié par l'acclamation populaire.

« Les noms sont : ARAGO, Emmanuel ; CRÉMIEUX ; FAVRE, Jules ; FERRY ;
« GAMBETTA ; GARNIER-PAGÈS ; GLAIS-BIZOIN ; PELLETAN ; PICARD ; ROCHE-
« FORT et SIMON, Jules.

« Le général Trochu est à la fois maintenu dans ses pouvoirs de gou-
« verneur de Paris et nommé ministre de la guerre en remplacement du
« général Palikao.

« Pour le gouvernement de défense nationale :

Le Ministre de l'Intérieur, Léon GAMBETTA. »

Toulon, le 4 septembre 1870.

CHOPART.

Toulon. — Typ. J. LAURENT, rue Royale, 49.

Prix : CINQ centimes.

DÉPÊCHE TÉLÉGRAPHIQUE

Paris, le 4 septembre 1870.

Le Gouvernement provisoire à Messieurs les Préfets, Sous-Préfets et Généraux commandant les Divisions et les Subdivisions.

Paris est debout. Le nouveau gouvernement est acclamé. Partout enthousiasme et pas le moindre désordre.

Le général Trochu est nommé ministre de la guerre.

Gambetta, ministre de l'Intérieur.

Crémieux, ministre de la Justice.

Jules Simon, ministre de l'Instruction publique.

De Kératry est nommé préfet de police.

Etienne Arago, maire de Paris.

POUR COPIE CONFORME :

Le vice-amiral préfet maritime, commandant l'état de siége à Toulon,

CHOPART.

Toulon. — Typ. J. LAURENT, rue Royale, 49.

Prix : CINQ centimes.

DÉPÊCHE TÉLÉGRAPHIQUE

Paris, 11 septembre, 11 h. 15 matin.

Prague, 10. — *Politique* publie une dépêche de Berlin disant que le Ministre américain à Berlin a reçu des instructions télégraphiques pour inviter le gouvernement prussien à faire cesser la guerre, puisque le roi affirma qu'il ne fesait pas la guerre au peuple français mais seulement à Napoléon.

Le Ministre américain ne pourrait pas assister indifférent à un versement de sang ultérieur auquel la Prusse forcerait le gouvernement français qui, par sa constitution, est assimilé au gouvernement américain. Le ministère américain communiqua à Ecclembour-Thiele le contenu de ses instructions. Immédiatement un courrier fut expédié au quartier général du roi. La nouvelle a fait une immense sensation dans les cercles diplomatiques.

(Dépêche Havas. — Sous toutes réserves.)

Toulon. — Typ. J. LAURENT, rue Royale, 49.

Prix : CINQ centimes.

DÉPÊCHE TÉLÉGRAPHIQUE

Paris, 12 septembre 1870. 9 h. 5 soir.

Le Ministre de l'Intérieur à Messieurs les Préfets, Sous-Préfets et Gouverneur général de l'Algérie.

La résolution prise par le Gouvernement de demeurer à Paris pendant le siège a produit le meilleur effet ; le général Trochu, président du gouvernement de la défense nationale passera demain une revue des cent soixante bataillons de la garde nationale sédentaire de Paris.

Les forts sont complètement armés. Les exercices des gardes nationales mobiles continuent et tout le monde se fortifie dans l'idée de la résistance la plus acharnée.

Les dernières nouvelles de la guerre signalent l'entrée des Prussiens à Nogent-sur-Seine.

Dans la matinée du 10 l'ennemi a essayé de forcer la place de Toul ; il a été repoussé et toutes ses batteries ont été démontées.

Le commandant de place de Soissons sommé de se rendre par des uhlans, a énergiquement refusé.

POUR COPIE CONFORME :
Le Sous-Préfet de Toulon, A. MAUREL.

Toulon. — Typ. J. LAURENT, rue Royale, 49.

Prix : CINQ centimes.

DÉPÊCHE TÉLÉGRAPHIQUE

Paris, 14 septembre 1870, 10 heures 40 soir.

Le Ministre de l'Intérieur à Messieurs les Préfets, Sous-Préfets
et Gouverneur général de l'Algérie.

Rien de nouveau à Paris.

L'ordre du jour adressé par le général Trochu aux gardes nationales sédentaires et mobiles affiché ce soir atteste le grand effet de la revue d'hier, l'esprit de la population est excellent et tout le monde disposé aux plus grands sacrifices, on a désormais la conviction que Paris, soutenu par la France organisée, restera imprenable.

Les éclaireurs prussiens se sont présentés à deux heures à Nogent-sur-Seine, ils ont reculé devant l'attitude énergique de la population.

Vers la même heure ils se sont présentés à Marmont et à Mangis.

Des troupes ennemies sont campées aux environs de la Croix-au-Bois, Gaston et de Clos-Fontaine.

Pour copie conforme :
Le Sous-Préfet de Toulon, A. MAUREL.

Prix : CINQ centimes.

DÉPÊCHE TÉLÉGRAPHIQUE

Paris, 17 septembre, 1 h. 5 matin.

Le Ministre de l'Intérieur à Messieurs les Préfets, Sous-Préfets et Gouverneur général de l'Algérie.

Les mouvements des corps d'armée prussiens autour de Paris semblent se dessiner très-nettement. Leur tête de colonne enveloppe tout le côté Est de la capitale depuis le chemin du Nord qui est coupé à Pontoise jusqu'au chemin de fer d'Orléans que l'ennemi a détruit à Invisy.

La garde nationale mobile, la garde nationale et l'armée se montrent pleines de confiance.

La résolution de la population de Paris est admirable.

Vous lirez demain dans le *Journal officiel* les lois suivantes :

1° Une loi qui appelle les électeurs à renouveler le 25 de ce mois, les municipalités et qui donne aux Conseils municipaux l'élection des maires et des adjoints.

2° Une loi qui fixe les élections pour l'Assemblée constituante au 2 octobre.

3° Une loi qui ordonne les élections des officiers de la garde nationale mobile d'après les règles suivies pour l'élection des officiers de la garde nationale sédentaire de Paris.

Vous trouverez également dans le *Journal officiel* une note qui établit nettement qu'il n'y a aucune sorte de relations officieuses entre l'*Electeur libre* et aucun membre du gouvernement.

POUR COPIE CONFORME :
Le Sous-Préfet de Toulon, A. MAUREL.

Toulon. — Typ. J. LAURENT, rue Royale, 49.

Prix : CINQ centimes.

DÉPÊCHE TÉLÉGRAPHIQUE

A LA FRANCE

Avant l'investissement de Paris M. Jules Favre, ministre des affaires étrangères, a voulu voir M. de Bismark pour connaître les dispositions de l'ennemi.

Voici la déclaration de l'ennemi :

« La Prusse veut continuer la guerre et réduire la France à l'état de puissance de second ordre.

« La Prusse veut l'Alsace et la Lorraine jusqu'à Metz, par droit de conquête. »

La Prusse pour consentir à un armistice a osé demander la reddition de Strasbourg, de Toul et du Mont-Valérien.

Paris exaspéré s'ensevelirait plutôt sous ses ruines. A d'aussi insolentes prétentions, en effet, on ne répond que par la lutte à outrance. La France accepte cette lutte et compte sur tous ses enfants.

Tours, le 24 septembre 1870.

Les Membres délégués du Gouvernement,
CREMIEUX, GLAIS-BIZOIN, FOURRICHON.

Vu la gravité des circonstances, le gouvernement décrète :

1° Toutes élections municipales et pour l'Assemblée constituante sont suspendues et ajournées ;

2° Toute élection municipale qui serait faite est annulée ;

3° Les préfets pourvoiront par le maintien des municipalités actuelles ou par la nomination de municipalités provisoires.

Les Membres du Gouvernement provisoire,
CREMIEUX, GLAIS-BIZOIN, FOURRICHON.

POUR COPIE CONFORME :
Le Sous-Préfet de Toulon, A. MAUREL.

Toulon — Typ. J. LAURENT, rue Royale, 49

Prix : **CINQ centimes.**

Dépêche Télégraphique

Le Préfet du Var à Monsieur le Sous-Préfet de Toulon.

Draguignan 30 septembre 1870, 8 h. 35 m.

Tours. — Télégraphie. — Faites-moi connaître immédiatement quel est le nombre de gardes nationaux mobiles organisés ou en voie d'organisation que vous avez encore dans le département. Hâtez l'organisation et faites-moi connaître immédiatement le nombre de gardes nationaux sédentaires qui, mobilisés suivant le décret, sont prêts à être employés en dehors de leur département à la défense du territoire.

DÉCRET

Article 1er. — Les préfets organiseront immédiatement en compagnies de gardes nationaux mobilisés :

1° Tous les volontaires qui n'appartiennent ni à l'armée régulière ni à la garde nationale mobile ;

2° Tous les Français âgés de 21 à 40 ans non mariés ou veufs sans enfants résidant dans leur département.

Art. 2. Ceux qui sont appelés à faire partie de l'armée active appartiendront à la garde nationale mobilisée jusqu'au jour où le ministre de la guerre les réclamera pour le service de l'armée.

Art. 3. — Les préfets soumettront immédiatement les gardes nationaux mobilisés aux exercices militaires.

Article 4. — Les compagnies de gardes nationaux mobilisés pourront, leur organisation faite, être mis à la disposition du Ministre de la guerre.

Article 5. — Les préfets pourront, si les armes manquent pour l'armement des gardes nationaux mobilisés, réclamer les armes des gardes nationaux sédentaires et, au besoin requérir toutes armes de chasse et autres.

Article 6. — Le secrétaire général représentant le ministre de l'intérieur pour les services administratifs, est chargé de l'exécution du présent décret.

Toulon. — Typ. J LAURENT, rue Royale, 49.

Prix : CINQ centimes.

Dépêche Télégraphique

Tours, 30 septembre, 10 h. 30 matin.

Le Ministre de l'Intérieur à Messieurs les Préfets et Sous-Préfets.

Strasbourg, après avoir épuisé ses munitions, a capitulé à des conditions honorables pour la garnison et rassurantes pour les habitants.

L'escadre de la Baltique est rentrée à Cherbourg. La protection de la marine marchande est assurée par deux escadre.

Dans le Haut-Rhin, pas d'ennemis. L'armée Badoise est malade et mécontente. La landwer refuserait le service. Les nouvelles de Paris continuent à être bonnes. Des succès partiels sont confirmés. Un troisième ballon parti hier matin débarqué vers deux heures à Nantes, dit : Les efforts de l'ennemi sont impuissants. Nous avons au contraire repris des positions un moment perdues. L'attitude de la population est parfaite.

POUR COPIE CONFORME :
Le Sous-Préfet de Toulon, par intérim, DAUMAS.

Toulon. — Typ. J. LAURENT, rue Royale, 49.

Prix : CINQ centimes.

Dépêche Télégraphique

Tours, 1er oc'obre 1870, 1 h. 50 soir.

Le Ministre de l'Intérieur à Messieurs les Préfets et Sous-Préfets.

Voici résumé du *Journal officiel* de Paris des 26, 27, 28 et 29 septembre reçu par ballon : attitude résolue de la population, mesures énergiques du gouvernement. Décret considérant qu'il n'est pas de force militaire sans discipline rigoureuse, astreint garde nationale aux lois militaires pendant la durée du siége ; autre décret instituant cours martiales pour réprimer immédiatement tout attentat contre personnes, propriétés.

Le *Moniteur universel* et autres journaux de Tours contiendront détails que ferez publier par vos journaux.

Dans combat du 23 sous Paris, l'ennemi fort de 8,000 hommes a fait grandes pertes ; avons eu 3 officiers blessés, 11 hommes blessés. Depuis lors quelques reconnaissances bien conduites et prouvant que troupes de toutes catégories s'aguerrissent chaque jour.

L'ennemi n'attaque presque plus et semble tenter d'établir ligne de circonvallation, chacune de ces opérations est surveillée et inquiétée. Paris a reçu deux fois messagers. Le gouvernement de Tours a déjà reçu trois ballons, un quatrième annoncé d'avant-hier, un autre d'hier sont attendus. *Officiel* de Paris contient arrêté disant administration postes va expédier constamment lettres avec enveloppes et autres sans enveloppes, par ballons libres ; prévenez public par tous moyens pour que aide soit donnée aux aéronautes et pour que tous paquets, dépêches soient rapidement dirigés sur bureaux postes ou stations de chemin de fer.

Nouvelles de guerre. — De Nemours on annonce corps prussiens nombreux remontant vers Châlons avec artillerie. Du côté d'Orléans, ennemi n'avance pas. Prince Albrecht est à Toury avec un millier d'hommes et canons. A Pithiviers faible corps prussien ; le gros des forces ennemies de ce côté est entre Toury et Patay. Avant-hier, Estancelin, commandant garde nationale Seine-Inférieure et compagnie éclaireurs fait brillante reconnaissance jusques au-delà de Mantes à travers pays occupé la veille par Prussiens. Quelques escarmouches heureuses et grand enthousiasme des populations. Bon exemple à suivre.

De Rouen, 30. — On dit engagement sérieux entre éclaireurs Mocquard et ennemi composé de cavalerie, artillerie et infanterie, éclaireurs auraient éteint feu, ennemi 300 Prussiens hors de combat.

POUR COPIE CONFORME :
Le Sous-Préfet de Toulon, par interim, DAUMAS.

Toulon. — Typ. J. LAURENT, rue Royale, 49

Prix : CINQ centimes.

Dépêche Télégraphique

Tours, 1er oc'obre 1870, 1 h. 50 soir.

Le Ministre de l'Intérieur à Messieurs les Préfets et Sous-Préfets.

Voici résumé du *Journal officiel* de Paris des 26, 27, 28 et 29 septembre reçu par ballon : attitude résolue de la population, mesures énergiques du gouvernement. Décret considérant qu'il n'est pas de force militaire sans discipline rigoureuse, astreint garde nationale aux lois militaires pendant la durée du siége ; autre décret instituant cours martiales pour réprimer immédiatement tout attentat contre personnes, propriétés.

Le *Moniteur universel* et autres journaux de Tours contiendront détails que ferez publier par vos journaux.

Dans combat du 23 sous Paris, l'ennemi fort de 8,000 hommes a fait grandes pertes ; avons eu 5 officiers blessés, 11 hommes blessés. Depuis lors quelques reconnaissances bien conduites et prouvant que troupes de toutes catégories s'aguerrissent chaque jour.

L'ennemi n'attaque presque plus et semble tenter d'établir ligne de circonvallation, chacune de ces opérations est surveillée et inquiétée. Paris a reçu deux fois messagers. Le gouvernement de Tours a déjà reçu trois ballons, un quatrième annoncé d'avant-hier, un autre d'hier sont attendus. *Officiel* de Paris contient arrêté disant administration postes va expédier constamment lettres avec enveloppes et autres sans enveloppes par ballons libres ; prévenez public par tous moyens pour que aide soit donnée aux aéronautes et pour que tous paquets, dépêches soient rapidement dirigés sur bureaux postes ou stations de chemin de fer.

Nouvelles de guerre. — De Nemours on annonce corps prussiens nombreux remontant vers Châlons avec artillerie. Du côté d'Orléans, ennemi n'avance pas. Prince-Albrecht est à Toury avec un millier d'hommes et canons. A Pithiviers faible corps prussien ; le gros des forces ennemies de ce côté est entre Toury et Patay. Avant-hier, Estancelin, commandant garde nationale Seine-Inférieure et compagnie éclaireurs fait brillante reconnaissance jusques au-delà de Mantes à travers pays occupé la veille par Prussiens. Quelques escarmouches heureuses et grand enthousiasme des populations. Bon exemple à suivre.

De Rouen, 30. — On dit engagement sérieux entre éclaireurs Mocquard et ennemi composé de cavalerie, artillerie et infanterie, éclaireurs auraient éteint feu, ennemi 300 Prussiens hors de combat.

POUR COPIE CONFORME :
Le Sous-Préfet de Toulon, par interim, DAUMAS.

Toulon. — Typ. J. LAURENT, rue Royale, 49

Prix : CINQ centimes.

Dépêche Télégraphique

Tours, 2 oc·obre 1870, 12 h. 20 soir.

Le Ministre de l'Intérieur à Messieurs les Préfets et Sous-Préfets.

M. Tissandier descendu avant-hier en ballon à Dreux apporte nouvelles de Paris ; pas d'affaires sérieuses jusqu'au 30 au matin.

Physionomie de Paris excellente ; troupes et gardes mobiles pleins de confiance, garde nationale prête à tous sacrifices et animée du plus courageux patriotisme.

Paris qui sent sa force compte sur la province pour harceler incessamment l'ennemi et peu à peu le prendre dans un cercle afin de l'acculer sur forts et fortifications où il trouvera bon accueil.

Beauvais est occupé par ennemi, on dit de Gournay qu'on se bat entre Saint-Germer et route de Beauvais. Mantes envahi par 4,000 Prussiens avec artillerie ; on assure sous-préfet et maire de Rambouillet prisonniers ; quelques Prussiens à Epernon. Le sous-préfet de Neufchateau certifie qu'il y a trois jours cercueil plomb couvert drap d'or venant du côté de Paris est arrivé à Toul reçu par 3,000 Mecklembourgeois qui forment garnison. Prussiens semblent consternés. Deux autres cercueils pareils venus depuis de Toul. On entendait depuis trois jours canonnade dans la direction de Pont-à-Monsson.

Général Urich arrivé à Tours.

POUR COPIE CONFORME :
Le Sous-Préfet de Toulon, A. MAUREL.

Toulon.— Typ. J. LAURENT, rue Royale, 49

Prix : CINQ centimes.

Dépêche Télégraphique

Tours, 3 octobre 1870, 11 h. 50 matin.

Le Ministre de l'Intérieur à Messieurs les Préfets et Sous-Préfets

On annonce d'Epernon que l'ennemi par petits corps s'est présenté plusieurs fois et s'est retiré de Rambouillet devant mobiles et gardes nationales appelés par tocsin. Vers St-Léger volontaires embusqués ont attaqué et détruit deux patrouilles de 14 prussiens. Pas d'engagement plus sérieux de ce côté. Résistances locales qui s'organisent rendent l'ennemi plus circonspect. Haut-Rhin, ennemi franchit à la hauteur de Mulhouse, paraît se diriger sur cette ville et vers Schlestadt ; ballon parti de Metz le 27 à Bayonville, Ardennes ; il portait quelques lettres pour Gouvernement et quinze mille pour particuliers ; la poste a reçu ces lettres et les expédie.

Dépêche de Paris, signée Trochu, est arrivée par pigeon à préfet du Nord qui l'a transmise à Tours, le 30 septembre ; les troupes sont sorties et ont fait reconnaissances offensives vigoureuses, ont occupé Chevilly et La Haye et se sont avancées jusqu'à Thais et Choisy-le-Roi, qui étaient occupés par Prussiens fortement retranchés. Après vif engagement, artillerie et mousqueterie, troupes sont rentrées avec un ordre remarquable dans leurs positions ; mobiles se sont montrés pleins d'ardeur ; avons fait pertes sensibles non encore évaluées. On croit ennemi a fait pertes considérables ; de Neufchâteau on dit mille cavaliers prussiens remontent vers Toul.

Pour copie conforme :
Le Sous-Préfet de Toulon, A. MAUREL.

Toulon. — Imprimerie de J. LAURENT, rue Royale. 49.

Prix : CINQ centimes.

Dépêche Télégraphique

Tours, 5 octobre 1870, 2 h. 45 soir.

Le Ministre de l'Intérieur à Messieurs les Préfets et Sous-Préfets

Dans la nuit du 4 au 5 train portant 550 hommes du 20e chasseurs a déraillé à la station de Critot (Seine-Inférieure) 15 morts, 15 blessés, train express 80 autres blessés.

Maleserbe a été occupé avant-hier par ennemi ; pillage du pays. On écrit de Châteaudun francs-tireurs à Viabon ont surpris et poursuivi cuirassiers prussiens.

Hier, 11 heures matin, prussiens se sont présentés devant petite ville d'Epernon, mobiles, francs-tireurs et garde-nationaux ont opposé résistance jusqu'à 6 heures du soir malgré artillerie ennemie. A cette heure, prussiens maîtres de la ville. Nos pertes sont peu considérables.

Avant-hier prussiens venant de Chailly se dirigeant sur Fontainebleau, étaient quelques centaines fantassins et cavaliers. Francs-tireurs les ont attaqués et ont tué une trentaine mis a avant hors de combat. Les prussiens se sont retirés sur Chailly.

Haut-Rhin. — Francs-tireurs alsaciens ont eu engagement dans le Hardt, ont tué ou blessé 50 prussiens. Positif personnage considérable mort, on dit tué dans une embuscade de francs-tireurs, son nom pas encore connu officiellement. On croit généralement qu'il s'agit de M. de Moltke.

POUR COPIE CONFORME :

Le Sous-Préfet de Toulon, A. MAUREL.

Toulon. — Typ. J. LAURENT, rue Royale, 49.

Prix : CINQ centimes.

Dépêche Télégraphique

Tours, 6 octobre 1870, 2 h. 50 soir.

Le Ministre de l'Intérieur à Messieurs les Préfets et Sous-Préfets.

Hier matin on entendait canonnade de gare Maintenon, fusillade qui cessa promptement Nous ignorons résultat de cette affaire qui paraît de nulle importance. Beaugency n'est pas menacé. A l'approche de nos troupes, ennemi abandonna positions à Patay, Saint-Péravy-la-Colombe et environs.

Combat de Toury. — On savait ennemi en forces à Toury où il rassemblait bestiaux enlevés aux environs. Hier, 5 octobre, trois heures matin, général Reyan parti de Chevilly avec cavalerie, infanterie et trois demi batteries dans direction de Toury entouré vers sept heures village Chaussis avec 6e hussards, fit prisonniers quelques soldats du royal bavarois, artillerie ennemie 10 pièces de 12 atteignit avec grande justesse nos batteries ; 9 canons de 4 seulement, une demi batterie de brigade Longuerue fut démontée ; 2 officiers du 6e hussards, chef d'escadron Loitet et sous-lieutenant Bourgoing ainsi que trois cuirassiers atteint par obus; malgré feu très vif, mouvement en avant continué, village Toury fut tourné par brigade Ressaire ; cavalerie ennemie 500 hommes appuyée par 2,000 fantassins battit en retraite sur route de Paris où fut poursuivi 4 kilomètres.

Troupes étant très-fatiguées par suite de marches forcées, depuis 3 heures du matin, le général Regan arrêta mouvement pour occuper Toury où l'on apprit force réelle ennemie et présence des princes Albert de Saxe-Meinengen et Saxe-Altembourg qui avaient quitté Toury dès 8 heures du matin.

Avons pris à Toury parc bestiaux, 147 vaches, 52 moutons.

Dernière. — Orléans, 6 octobre, 8 h. 50 matin. A la suite de affaire Toury, ennemi évacué Rithiviers en toute hâte abandonnant bestiaux.

Pour copie conforme :
Le Sous-Préfet de Toulon, A. MAUREL.

Toulon — Imprimerie de J. LAURENT, rue Royale, 49.

Prix : CINQ centimes.

Dépêche Télégraphique

Tours, 7 octobre, 12 h. 45 soir.

Le Ministre de l'Intérieur à Messieurs les Préfets et Sous-Préfets.

Renseignements officiels augmentent importance du combat de Toury. Erreur dans dépêche a fait croire que cavaliers ennemis étaient 500, tandis qu'ils étaient quarante escadrons, c'est-à-dire 4 à 5 mille Prussiens chassés de Toury, Joinville et villages voisins.

Une vingtaine de prisonniers parmi lesquels courrier du prince Albert. Gardes nationaux arrivent de quarante kilomètres à la ronde. Grand enthousiasme. Prussiens ont été aussi repoussés d'Ymonville et environs par francs-tireurs et gardes nationaux levés en masse.

Ennemi a quitté Pithiviers et Manchecourt. Un poste de 400 hommes à Bondaroy a été anéanti par turcos. De Voves, on annonce pays évacué au-delà de Toury, ennemi se repliant sur Etampes, Epernon et Galandon entièrement libres. Prussiens emportent fortes réquisitions, se sont dirigés sur Rambouillet qu'ils occupent au nombre de 4,000. En somme, par suite des combats de Toury et concours énergique prêté aux troupes par garde nationale, les départements du Loiret et Eure-et-Loir sont débarrassés des Prussiens et de leurs réquisitions et pillages.

Dans l'Eure l'ennemi occupa avec forces nombreuses et artillerie Pacy-sur-Eure et Vernon. Cassagne ne céda le terrain que pied à pied. De Rouen on annonce prussiens repoussés de Gisors par garde nationale, 2,000 prussiens avec artillerie campent dans bois de Gisors.

Haut-Rhin. — On annonce ennemi se dirige sur Neuf-Brisach, village entre ce point et Chalente occupés par beaucoup troupes ennemies, Colmar occupé lui-même par uhlans et artillerie. On dit Mulhouse évacué par corps qui s'avance sur Altherich. On s'est battu toute journée hier entre Raon et Bruyères. Compte : tués 10,000 prussiens avec artillerie, pas de résultat. Général Dupré blessé, avons gardé nos positions. Gardes nationales se joignent aux troupes. Aube, département débarrassé des Prussiens qui avaient envahi ces jours derniers quelques communes sur les bords de la Marne.

POUR COPIE CONFORME :
Le Sous-Préfet de Toulon, A. MAUREL.

Prix : CINQ centimes.

Dépêche Télégraphique

Tours, 9 octobre 1870, 3 h. soir.

Le Ministre de l'Intérieur à Messieurs les Préfets et Sous-Préfets

Garibaldi débarqué à Marseille le 7 à 10 heures soir, reçu par les autorités. Foule immense, enthousiasme indescriptible, il est arrivé à Tours le 9, à 7 heures du matin. Marché triomphale sur tout le parcours. Habitants des villes et villencombraient gare, vivats et acclamations unanimes. Même accueil à son arrivée à Tours. Le général est à la préfecture de Tours entouré des membres du Gouvernement. Il est acclamé par la foule qui a envahi jardin.

Gambetta, ministre de l'intérieur, parti de Paris par ballon, est descendu à Montdidier, arrivé Tours aujourd'hui à midi, il a été acclamé à son entrée en gare.

Nouvelles de la guerre. — Du côté d'Evreux les Prussiens ont quitté Vernon et Pacy, mais sont entrés en forces à Gisors. De Chartres on annonce hier une avant-garde prussienne allée à Dreux et disant précéder corps 5,000 hommes.

A Maintenon, l'ennemi dans les environs de la gare, les mobiles sont prêts à répondre. Hier matin à 5 heures, à Ablis, francs-tireurs ont attaqué deux escadrons hussards prussiens et deux compagnies bavaroises barricadées dans les rues. Après un feu très vif, les nôtres ont emporté position, pris 89 chevaux et 59 Prussiens, tué tous autres chevaux. Prussiens ont fait pertes sérieuses, les nôtres très faibles.

D'après renseignements officiels, Pithiviers est occupé par les Français, les vedettes prussiennes sont en vue, l'ennemi parait se masser vers Etampes. Saint-Quentin a été attaqué hier, dix heures du matin, par les Prussiens qui furent repoussés avec une ardeur admirable par la garde nationale, les pompiers, les francs-tireurs et population de la ville. La barricade du faubourg Disle, protégée par canal, a été défendue pendant 5 heures et est encore occupée par citoyens qui se sont battus comme vieux soldats. Avons perdu dix hommes tués ou blessés, les pertes ennemies plus considérables. Nous avons fait 12 prisonniers, parmi morts sont 2 officiers prussiens. Le préfet de l'Aisne, Anatole de la Forge, est légèrement blessé à la jambe. Dans le Haut-Rhin, Neuf-Brisach est entouré et bombardé par l'ennemi depuis le 7, vers deux heures, la place répond vigoureusement.

Tours, 9 octobre 1870, 5 h. 30 soir.

Le Gouvernement de la défense nationale, vu la dépêche de la délégation de Tours en date du 29 septembre, parvenue le 1er octobre au gouvernement et portant fixation au 16 octobre des élections pour l'Assemblée constituante.

Vu le décret du gouvernement, en date du 25 septembre et le décret conforme de la délégation de Tours ajournant les dites élections.

Attendu que cette résolution nouvelle est en opposition avec le décret du gouvernement de la défense nationale, et que d'ailleurs elle est d'une exécution matériellement impossible dans 25 départements, nécessairement incomplète dans les autres.

Décrète. — Art. 1er. L'ajournement des élections générales est maintenu jusqu'au moment où elles pourront se faire sur toute la surface de la République.

Art. 2. Toute opération accomplie en violation du présent décret sera nulle et de nul effet.

Fait à l'hôtel de ville, ce 1er octobre 1870.

Général Trochu, Jules Favre, Gambetta, Ernest Picard, Emmanuel Arago, Jules Ferry, Garnier-Pagès, Jules Simon, Pelletan, Rochefort.

POUR COPIE CONFORME :

Le Sous-Préfet de Toulon, A. MAUREL.

Prix : CINQ centimes;

Dépêche Télégraphique
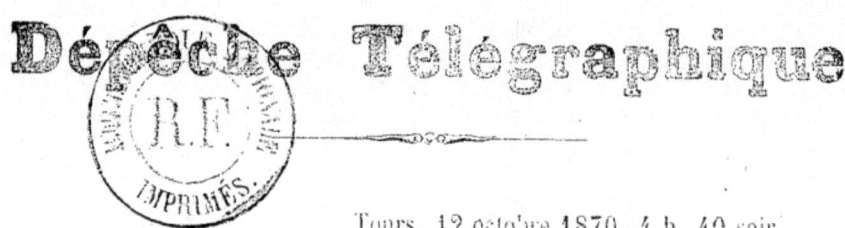

Tours, 12 octobre 1870, 4 h. 40 soir.

Le Ministre de l'Intérieur à Messieurs les Préfets et Sous-Préfets

Hier on se battait aux abords d'Orléans. Quelques obus sont tombés derrière des faubourgs.

Les communications régulières sont arrêtées à Beaugency. Les détails manquent encore.

A Dreux les Prussiens ont été repoussés.

Des éclaireurs ont été signalés hier au soir à 4 kilomètres de Chateaudun.

Avant-hier, deux engagements heureux pour les francs-tireurs et les avant postes de mobiles ont eu lieu dans les Vosges.

A Cheffey, l'ennemi a perdu 60 hommes, nous avons eu 6 blessés.

Près de Bruyère 50 Prussiens ont été tués, de notre côté nous avons perdu 1 franc-tireur.

L'ennemi a paru à Montdidier. La garde nationale et les francs-tireurs sont allés à sa rencontre et il s'est replié.

Nous avons reçu un rapport du commandant de la place de Bitche en date du 28 septembre. La place a essuyé trois bombardements ; le premier a eu lieu le 8 août ; le deuxième le 23 et le troisième a duré du 11 au 22 septembre. La ville a essuyé plus de 10,000 projectiles. Une grande partie en est brulée. Les bâtiments des forts sont détruits, néanmoins la garnison est en bonne santé ; elle est de plus bien pourvue de vivres et de munitions.

Tours 12 octobre 1870, 4 h. 50.

Ennemi entré Orléans hier soir 7 heures. gare incendiée, détails officiels manquent encore. Reçu nouvelles de combat important le 7 entre Saint-Cloud et le Mont-Valérien, général Ducros infligé échec sérieux aux Prussiens qui se sont repliés sur Versailles.

POUR COPIE CONFORME :
Le Sous-Préfet de Toulon, A. MAUREL.

Prix : CINQ centimes.

Dépêche Télégraphique

Tours, le 13 octobre 1870, 1 h. 1 m. du soir.

Le Ministre de l'Intérieur à Messieurs les Préfets et Sous-Préfets.

Le rapport sur la journée du 11 constate que les troupes se trouvant sur la route de Paris ayant combattu la veille à Arthenay n'ont pas tenu.

Une brigade de la troisième division (à Sarran-les-Ormes), aîle débordée par l'artillerie et a disputé le terrain pied à pied. Trois bataillons de réserve ont ensuite contenu l'ennemi pendant trois heures. Après un combat très-vif ils ont été obligés de céder devant la profusion des projectiles.

Le général Lamotte-Rouge prit le parti de se retirer sur la rive gauche de la Loire. La retraite non inquiétée se fit avec calme et ordre.

Le général Lamotte-Rouge a été remplacé par d'Aurelles.

50 cavaliers ennemis ont paru à Mang, 1500 réquisitionnent Saint-Ay.

La cavalerie ennemie a paru hier à Tournesis dans la direction de Chateaudun où furent vus des éclaireurs prussiens.

A Gisors sont 3,000 Prussiens avec artillerie qui attendent des renforts successifs.

Bruyères, (Vosges). — Le 11 dans la soirée eut lieu un combat aux avant-postes contre 15,000 ennemis ayant beaucoup d'artillerie. L'avantage nous resta néanmoins.

Le général Cambriels pour ne pas s'exposer à être cerné dans les montagnes se décida à changer ses positions.

Dans le Nord l'exemple de Saint-Quentin produit un immense effet; cérémonie imposante, plus de de 50,000 personnes à l'enterrement des gardes nationaux tués.

POUR COPIE CONFORME :
Le Sous-Préfet de Toulon, A. MAUREL.

Prix : CINQ centimes.

Dépêche Télégraphique

Tours, 14 octobre 1870, 12 h. soir.

Le Ministre de l'Intérieur à Messieurs les Préfets et Sous-Préfets

Aucun nouvel engagement signalé côté d'Orléans, 400 Prussiens entrés hier n'y seraient pas restés la nuit ; on les dit en force à Meung et à Chateaudun. Hier matin 5 uhlans suivi de près par 20 autres ont paru gare, franc-tireurs ont tiré dessus sans les atteindre, ils ont fui vers Toury.

Bruit répandu, approchent 3,000 ennemis a produit fausse alerte. Ce matin tout tranquille. Gardes nationaux en armes, reconnaissances sans résultat jusque Tournoises.

Hier matin 8 heures feu roulant artillerie commencé contre Soissons des hauteurs voisines, place en état de résister. Lettre particulière source honorable communiquée sous réserve, annonce qu'ennemi subit grandes pertes sous Metz, Bazaine paraît libre de ses mouvements sur Thionville.

Pour copie conforme :
Le Sous-Préfet de Toulon, A. MAUREL.

Prix : CINQ centimes.

Dépêche Télégraphique

Tours, 14 octobre 1870, 11 h. 50 soir.

Le Ministre de l'Intérieur à Messieurs les Préfets, Sous-Préfets, et Gouverneur général de l'Algérie.

Des nouvelles sont arrivées de Paris par un ballon parti le 12 octobre, elles sont résumées dans la proclamation suivante du ministre de l'intérieur et de la guerre.

Citoyens des départements,

C'est avec une indicible expression de joie que je me hâte de vous faire connaître les fortifiantes nouvelles qui nous arrivent de Paris apportées par le ballon parti le 12 octobre de la capitale.

A Paris, le peuple de jour en jour plus héroïque prépare le salut de la France par l'ordre admirable qu'il maintient dans la cité, par les privations qu'il s'impose joyeusement, car détail qui n'a rien de vulgaire dans la grandeur de la situation où nous sommes, c'est par la viande de cheval qu'il commence le siège réservant pour les derniers jours les troupeaux vivants dans ses murs.

Impatientée derrière ses remparts, la garde nationale a voulu marcher à l'ennemi ; voici le bulletin de sa première victoire sur toute la ceinture :

Les Prussiens ont été délogés des positions qu'ils occupent depuis trois semaines, au Nord dans la direction de Saint-Denis on les a refoulés au-delà de Stains, de Pierrefite, de Dugny. A l'Est on leur a repris Bobigny, Joinville, le pont Cretin, le plateau d'Avron. Au Sud-Ouest on leur a enlevé le Bas-Meudon et Saint-Cloud les refoulant sur Versailles Ils savent maintenant ce que vaut un peuple qui veut sauver son honneur et ses institutions.

Je vous disais il y a deux jours, Paris est inexpugnable, le voilà revenu assaillant. De si admirables exemples ne peuvent laisser les départements insensibles ; redoublons tous de travail et d'énergie, sûrs désormais que Paris fera son devoir jusqu'au bout, faisons le nôtre.

Vive Paris, vive la France, vive la République.

Le membre du gouvernement de la défense nationale, ministre de l'intérieur et de la guerre,

LÉON GAMBETTA.

POUR COPIE CONFORME :

Le Sous-Préfet de Toulon, A. MAUREL.

Prix : CINQ centimes.

Dépêche Télégraphique

Tours, 15 octobre 1870.

Le Ministre de l'Intérieur à Messieurs les Préfets et Sous-Préfets.

Excellentes nouvelles de Paris datées du 12. Le peuple maintient l'ordre et s'impose avec joie des privations pour ménager le bétail sur pied.

La garde nationale sur sa demande a fait des sorties, a délogé ennemis de toutes les positions qu'ils occupaient depuis trois semaines. Tout le périmètre se trouve ainsi dégagé. Dans la direction de Rouen l'ennemi occupe Gisors et Magny ; il a attaqué nos avant postes à Ecouisil ; dans une rencontre de cavalerie nous avons eu 3 tués, 6 blessés ; nous avons conservé nos positions ; quelques coups de fusils ont été échangés près Fleury-sur-Andelle. Hier autour de la Ferté-Saint-Aubin, fortes reconnaissances ; l'ennemi a été repoussé après engagements sans gravité.

Châteaudun tranquille. Rien de nouveau des Vosges.

Le 13, dans forêt Fontainebleau, francs-tireurs ont mis en déroute et poursuivi jusqu'à Melun des cavaliers wurtembourgeois, garnison ennemie évacua précipitamment cette ville.

Voici une dépêche datée de Chaumont 15, à onze heures du matin, parvenue à l'instant :

Kératry à gouvernement Tours : Parti hier Paris, 10 heures matin, par ballon tombé à Brillon, 9 kilomètres de Bar-le-Duc, échappé à poursuites ennemies. Blessé légèrement jambe et tête par chûte vertigineuse, très beau combat le 13, jeudi, à Bagneux et Chatillon, d'où l'ennemi délogé pendant notre reconnaissance, a subi pertes considérables.

Mobiles Côte-d'Or et Aube très-distingués ; commandant Aube de Dampierre a été tué glorieusement. Batteries prussiennes démontées ; nos troupes rentrées dans leurs lignes le soir avec ordre magnifique, selon plan concerté.

Marins fort Montrouge remarquables en couvrant la retraite, canons des trois forts Montrouge, Vanvres, Issy eurent un tir admirable.

Le chateau de Saint-Cloud, brûlé. Paris aussi patriote et résolu que jamais. Revue enthousiaste de garde nationale par le gouvernement qui a été acclamé.

POUR COPIE CONFORME :
Le Sous-Préfet de Toulon, A. MAUREL.

Toulon. — Typ. J. LAURENT, rue Royale, 49

Prix : CINQ centimes.

Dépêche Télégraphique

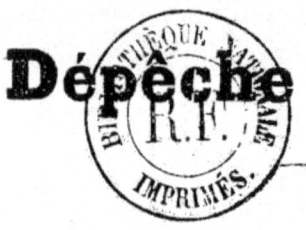

Tours, 18 octobre 1870, 2 h. soir.

Le Ministre de l'Intérieur à Messieurs les Préfets et Sous-Préfets

Il n'est pas signalé d'engagements importants ; l'ennemi paraît avoir hier fait un mouvement, évacuant en grande partie Orléans.

A Saint-Laurent-des-Eaux, les francs-tireurs de la Dordogne et d'Indre-et-Loire ont, à deux reprises hier, dispersé les reconnaissances ennemies en leur infligeant des pertes et en faisant 2 prisonniers dont 1 capitaine.

Les francs-tireurs et les gardes nationaux après avoir trouvé Melun évacué ont, dans les bois de Vert Saint-Denis, attaqué un détachement ennemi et tué l'officier et quelques hommes.

Les éclaireurs ennemis continuent à incendier les villages de Beauce, Menainville et la Bourdinière qui sont presque entièrement détruits.

Le général Bourbaki est chargé, sur sa demande, du commandement supérieur de la région du Nord.

POUR COPIE CONFORME :
Le Sous-Préfet de Toulon, A. MAUREL.

Prix : CINQ centimes.

Dépêche Télégraphique

Tours, 19 octobre, 2 h. 15 soir.

Le Ministre de l'Intérieur à Messieurs les Préfets et Sous-Préfets.

Hier, Châteaudun barricadée défendue par 900 francs-tireurs et par garde nationale a soutenu de 1 heure à 10 heures du soir attaque et bombardement de la part de plusieurs milliers d'ennemis venus avec deux batteries d'artillerie, une mitrailleuse, un obusier à bombes incendiaires. Prussiens ont subi grandes pertes, mais défenseurs décimés dans cette lutte héroïque ont dû quitter ville en partie incendiée.

En Normandie on ne signale que l'apparition de quelques cavaliers ennemis à Grandvilliers. Vesoul serait occupé par l'ennemi. Rien de nouveau sur la Loire.

POUR COPIE CONFORME :
Le Sous-Préfet de Toulon, A. MAUREL.

Prix : CINQ centimes.

Dépêche Télégraphique

Tours, 22 octobre, 12 h. 16 soir.

Le Ministre de l'Intérieur à Messieurs les Préfets et Sous-Préfets.

20,000 Prussiens ont investi Chartres hier et paraissent vouloir se diriger sur Mantes, par Dreux.

Des dépêches de Neufchâteau annoncent que Bazaine aurait remporté sous Metz un avantage signalé le 14, et le siège de Verdun serait interrompu parceque les batteries ennemies sont démontées ou inondées.

Les Prussiens ont fait sauter hier le pont sur la Loire entre Meung et Clery, ils étaient hier soir un millier autour de Beaugency.

Sous Paris, le 15, deux obus ont pénétré dans un poste ennemi près Champigny.

Le 16, les éclaireurs postés à Creteil ont été attaqués dès l'aube par un peloton de Prussiens qu'ils ont repoussé. Le rapport militaire du 17 pas parvenu.

POUR COPIE CONFORME :
Le Sous-Préfet de Toulon, A. MAUREL.

Toulon.— Typ. J. LAURENT, rue Royale, 49

Prix : CINQ centimes.

Dépêche Télégraphique

Tours, 23 octobre 11 h. 48 matin.

Le Ministre de l'Intérieur à Messieurs les Préfets et Sous-Préfets

Combat hier depuis 9 heures matin jusqu'à la nuit devant Besançon, entre Varey et Cussey, détails manquent. Engagement sérieux de midi à 2 heures 1/2 dans forêt Dhécourt (Eure).

Prussiens avec artillerie, cavalerie ont été repoussés par éclaireurs Mocquard, mobiles d'Ardêche, francs-tireurs de Camp, qui leur ont mis une centaine d'hommes hors de combat; d'un autre côté commandant d'éclaireurs grièvement blessé, deux mobiles Ardêche tués, huit à dix blessés.

Vernon canonné de rive à autre Seine plus d'une heure par ennemi qui s'est retiré, dégâts peu considérables dans engagement près Fontainebleau. Le 21 francs-tireurs auraient démonté 400 cavaliers ; on dit 150 ennemis à Chateauneuf (Loiret).

POUR COPIE CONFORME :
Le Sous-Préfet de Toulon, A. MAUREL.

Toulon. — Typ. J. LAURENT, rue Royale, 49.

Prix : **CINQ centimes.**

Dépêche Télégraphique

Tours, 24 octobre 2 h. 35 soir.

Le Ministre de l'Intérieur à Messieurs les Préfets et Sous-Préfets.

L'ennemi a de nouveau attaqué hier, à 7 heures du matin, les positions de Chatillon-le-Duc, près Besançon ; il a dû se retirer à 4 heures.

Les deux jours, nous avons eu l'avantage, nos positions gardées, nos pertes minimes ; nous avons fait quelques prisonniers.

Une lettre Schelestadt du 22 octobre annonce que la place est investie depuis le 10, bombardée depuis le 18 ; deux magasins à fourrages incendiés, quelques incendies partiels éteints, une femme tuée par obus ; 4 ou 5 soldats blessés ; défense énergique, esprit de la population excellent ; les travaux d'approche pour le siège de La Fère ont été subitement abandonnés hier, sur arrivée d'estafettes, par les Prussiens laissant leurs outils.

L'ennemi est entré hier à Montereau.

POUR COPIE CONFORME :
Le Sous-Préfet de Toulon, A. MAUREL.

Toulon. — Typ. J LAURENT, rue Royale, 49.

Prix : CINQ centimes.

Dépêche Télégraphique

Tours, 25 octobre, 1 h. 25 soir.

Le Ministre de l'Intérieur à Messieurs les Préfets et Sous-Préfets.

De Besançon on annonce que l'ennemi battait en retraite hier par deux routes sur Gy et Rioz emmenant 37 voitures de blessés et laissant des morts dont un colonel badois.

Nos pertes sont moins considérables ; 160 blessés environ sont dans les ambulances de Besançon. A Verdun, dans la nuit de jeudi à vendredi, la garnison aurait répondu à une tentative de bombardement par une sortie et une charge à la bayonnette faisant des ravages encore accrus par la méprise de deux corps ennemis tirant dans l'obscurité l'un sur l'autre.

Chartres est toujours occupé, Châteaudun et ses environs sont évacués par l'ennemi, Dreux est menacé par les Prussiens qui ont évacué Montereau, se dirigeant sur Nangis.

Du côté de Gien, l'ennemi paraît se replier sur Orléans. On parle d'engagement heureux de francs-tireurs dans cette contrée.

POUR COPIE CONFORME :
Le Sous-Préfet de Toulon, A. MAUREL.

Prix : CINQ centimes.

Dépêche Télégraphique

Tours, 26 octobre, 1 h. 40 soir.

Le Ministre de l'Intérieur à Messieurs les Préfets et Sous-Préfets

L'ennemi est entré hier matin à Dreux après avoir essuyé une partie de la nuit la résistance des gardes mobiles.
En avant de la ville un détachement campe près Saint-Remy-sur-Havre La gare de Saint-Remy a été ravagée ; les confins de Seine-Inférieure ne sont pas inquiétés depuis deux jours. L'ennemi se retire sur Gisors et Mantes.
Dans le bassin de la Loire un engagement a eu lieu près Cosnes. L'ennemi a eu 5 ou 6 tués dont 1 officier et a laissé un blessé et un prisonnnier ; de notre côté nous avons un blessé seulement.
Courcelles a été brûlé par l'ennemi. A Saint-Aignan, près Gien, quelques éclaireurs ennemis ont été culbutés par les francs-tireurs nivernais. On dit aussi qu'un engagement a eu lieu le 24 à Sully où 150 Prussiens auraient été mis hors de combat ; ce dernier fait non officiellement vérifié.

POUR COPIE CONFORME :
Le Sous-Préfet de Toulon, A. MAUREL.

Toulon. — Typ. J. LAURENT, rue Royale, 49.

Prix : CINQ centimes.

 Dépêche Télégraphique

Tours, 27 octobre, 12 h. soir.

Le Ministre de l'Intérieur à Messieurs les Préfets et Sous-Préfets.

Nogent-sur-Seine a été attaqué le 25 dès le matin par 1800 prussiens environ, munis de quatre canons et une mitrailleuse, et a résisté jusque vers 10 heures. Nous avons eu 8 gardes nationaux et une vingtaine de mobiles tués et environ 150 blessés et prisonniers. Les pertes de l'ennemi sont plus considérables. Un officier supérieur tué. Les francs-tireurs de la Loire et la gendarmerie se sont particulièrement distingués.

L'ennemi a évacué Nogent à 4 heures.

Une reconnaissance du 16e corps a été attaquée hier sur la rive gauche de la Loire. Les chasseurs ont fait feu sur la cavalerie ennemie ; trois ennemis tués, un chasseur français disparu. Un détachement prussien est revenu à Chateaudun.

A Léaungis (Ardennes) les francs-tireurs ont surpris un détachement, tué 2 hommes, fait 7 prisonniers. Aucun franc-tireur n'a été atteint.

POUR COPIE CONFORME :

Le Sous-Préfet de Toulon, A. MAUREL.

Toulon. — Typ J LAURENT, rue Royale, 49.

Prix : CINQ centimes.

Dépêche Télégraphique

Tours, 28 octobre, 1 h. 15 soir.

Le Ministre de l'Intérieur à Messieurs les Préfets et Sous-Préfets.

La capitulation de Schlestadt après bombardement est confirmée. Vesoul a été évacué par l'ennemi le 26, à 11 heures du matin, laissant 90 blessés aux ambulances. Les francs-tireurs prirent près Leurre quelques voitures à l'ennemi.

Nouvel engagement le 26 soir, près Saint-Laurent-des-Eaux, entre éclaireurs et uhlans, dont 15 furent dit-on tués et plusieurs blessés.

A Clermont, hier matin, une reconnaissance captura un Prussien et 3 chevaux. 300 Prussiens passèrent à Bonneval, mais le retour d'un fort détachement d'ennemis à Chateaudun ne paraît pas se confirmer.

POUR COPIE CONFORME :
Le Sous-Préfet de Toulon, A. MAUREL.

Toulon.— Typ. J. LAURENT, rue Royale, 49

Prix : **CINQ centimes**.

Dépêche Télégraphique

Tours, 29 octobre, 1 h. 20 soir.

Le Ministre de l'Intérieur à Messieurs les Préfets et Sous-Préfets

Dépêche de Bade du 27 annonce défaite complète avec grandes pertes d'un corps Badois, 300 dans la déroute se sont réfugiés en Suisse, ont été désarmés et envoyés à Porentruy.

Hier Prussiens ont attaqué à 10 heures du matin Formery sur chemin de fer Amiens à Rouen, ils étaient 1500 ou 2000 avec artillerie ; après engagement sérieux ont été repoussés par troupe et mobiles du Nord. Cavalerie commandée par colonel d'Espeuilles les a poursuivis, les poussant en pleine déroute vers Beauvais et Sougeon.

Ligne a été maintenue, attaque maisons incendiées par ennemi près Tourville, mobiles de l'Orne et volontaires de l'Hérault ont mis en déroute une reconnaissance comprenant détachement de cuirassiers blancs, 83e d'infanterie prussienne avec artillerie qui s'est replié précipitamment sur Chartres; 1200 cavaliers ennemis qui avaient paru Chateauneuf-en-Thinerais ont fait retraite.

POUR COPIE CONFORME :

Le Sous-Préfet de Toulon, A. MAUREL.

RÉPUBLIQUE FRANÇAISE

Liberté, Égalité, Fraternité

Tours, 30 octobre, 10 h. matin.

PROCLAMATION AU PEUPLE FRANÇAIS

FRANÇAIS,

Elevez vos âmes et vos résolutions à la hauteur des effroyables périls qui fondent sur la Patrie. Il dépend encore de nous de lasser la mauvaise fortune et de montrer à l'univers ce qu'est un grand peuple qui ne veut pas périr et dont le courage s'exalte au sein même des catastrophes.

METZ A CAPITULÉ ! Un général sur qui la France comptait même après le Mexique vient d'enlever à la Patrie en danger plus de 100,000 de ses défenseurs. LE MARÉCHAL BAZAINE A TRAHI !

Il s'est fait l'agent de l'homme de Sédan, le complice de l'envahisseur, et au mépris de l'honneur de l'armée dont il avait la garde, il a livré, sans même essayer un suprême effort, cent vingt mille combattants, vingt mille blessés, ses fusils, ses canons, ses drapeaux et la plus forte citadelle de la France, Metz, vierge jusqu'à lui des souillures de l'étranger. Un tel crime est au-dessus même des châtiments de la Patrie.

Et maintenant, Français, mesurez la profondeur de l'abîme où nous a précipités l'Empire. Vingt ans la France a subi ce pouvoir corrupteur qui tarissait en elle toutes les sources de la grandeur et de la vie. L'armée de la France, dépouillée de son caractère national, devenue sans le savoir un instrument de règne et de servitude, est engloutie malgré l'héroïsme de ses soldats, par la trahison des chefs, dans les désastres de la Patrie. En moins de deux mois, deux cent vingt mille hommes ont été livrés à l'ennemi, sinistre épilogue du coup de main militaire du 2 décembre !

Il est temps de nous ressaisir, citoyens, et sous l'égide de la République que nous sommes bien décidés à ne laisser capituler, ni au dedans ni au dehors, de puiser dans l'extrémité même de nos malheurs, le rajeunissement de notre moralité et de notre virilité politique et sociale.

Oui, quelle que soit l'étendue du désastre, il ne nous trouve ni consternés ni hésitants ; nous jurons de ne jamais nous rendre; tant qu'il restera un pouce du sol sacré sous nos semelles, nous tiendrons ferme le glorieux drapeau de la Révolution française.

Notre cause est celle de la justice et du droit. L'Europe le voit, l'Europe le sent ; devant tant de malheurs immérités spontanément sans avoir reçu de nous ni invitation ni adhésion, elle s'est émue, elle s'agite.

Pas d'illusions ! Ne nous laissons ni alanguir ni énerver et prouvons par des actes que nous voulons, que nous pouvons tenir de nous-même l'honneur, l'indépendance, l'intégrité, tout ce qui fait la Patrie libre et fière.

Vive la France, vive la République, une et indivisible !

Les Membres du Gouvernement,
CRÉMIEUX, GLAIS-BIZOIN, GAMBETTA.

Pour copie conforme :
Le Sous-Préfet de Toulon, A. MAUREL.

t.
pe
A
aprè.
ses de
 Il s'e
au mépr.
même ess
blessés, ses
France, Metz
est au-dessus
    Et maintenai.
précipité l'emp
tarrissait en elle
de la France, dépo
un instrument de rè
ses soldats par la trah.
moins de deux mois, de
nemi, sinistre épilogue d.
   Il est temps de nous res
que nous sommes bien déc
dehors; de puiser dans l'ext.
ment de notre moralité et de n
   Oui, quelle que soit l'étendue
nés ni hésitants; nous jurons de
un pouce du sol sacré sous nos se
drapeau de la Révolution française.
   Notre cause est celle de la justice e
le sent; devant tant de malheurs imm
de nous ni invitation ni adhésion; elle s
   Pas d'illusions! ne nous laissons ni ala
des actes que nous voulons, que nous pou
neur, l'indépendance, l'intégrité, tout ce qui
   Vive la France, vive la République, une e.

    Les Membres du
  CRÉMIEUX, GLAIS-BIZ.

    POUR COPIE CONFC
  Le Sous-Préfet de Toulon, A.

Prix : CINQ centimes.

Dépêche Télégraphique

Tours 30 octobre, 3 h. 55 soir.

Le Ministre de l'Intérieur à Messieurs les Préfets et Sous-Préfets.

Onze ou douze ennemis parus près Dijon, reçus à coups de fusils. On n'annonce encore à portée que quelques centaines Prussiens. On dit engagement sérieux entre francs-tireurs et troupes prussiennes à Cloyes (Vosges) où Prussiens auraient perdu beaucoup de monde. Dans une embuscade corps-francs ont fait dérailler un train de troupes près Saulce sur ligne des Ardennes et embusqués ont tué nombreux ennemis.

POUR COPIE CONFORME :
Le Sous-Préfet de Toulon, A. MAUREL.

Toulon. — Typ. J. LAURENT, rue Royale, 49.

Prix : **CINQ centimes.**

Dépêche Télégraphique

Tours, 31 octobre, 2 heures soir.

Le Ministre de l'Intérieur à Messieurs les Préfets et Sous-Préfets

Hier, dix à douze mille ennemis ont attaqué Dijon et ont rencontré des troupes régulières, des mobiles et la garde nationale sédentaire. Un combat en avant de la ville et dans les faubourgs a duré de 9 heures du matin à 4 heures 1/2 du soir. Le bombardement a entraîné la retraite de la garnison.

Avant-hier, 150 cuirassiers blancs ont paru à Châteaudun et repris après quelques heures la route d'Orléans.

Vers le Nord, on ne signale aucun mouvement ennemi sérieux, quelques éclaireurs seulement rencontrés par des francs-tireurs.

Le rapport officiel de Verdun signale une sortie heureuse, le 20 octobre, la garnison a enlevé les postes prussiens et encloué 26 pièces gros calibre.

POUR COPIE CONFORME :
Le Sous-Préfet de Toulon, A. MAUREL.

Toulon.— Typ. J. LAURENT, rue Royale, 49

Prix : CINQ centimes.

Dépêche Télégraphique

Tours, 3 novembre, 1 h. soir.

Le Ministre de l'Intérieur à Messieurs les Préfets et Sous-Préfets.

Hier Prussiens ont tenté investissement de Belfort par Giromagny où un bataillon de mobiles de la Haute-Saône n'a tenu qu'une heure et demie et par Roppe où ennemi a eu le dessous et n'a pu emporter le village défendu par mobiles du Rhône.

On dit au moins 150 ennemis hors de combat, dont 1 officier supérieur. Nos pertes beaucoup moindres.

En Normandie près de Suzay, avant-poste de mobiles Oise a eu engagement avec uhlans ; douze ennemis restés sur le terrain en reconnaissance à Gournay, sont repartis brusquement voyant risque d'être surpris.

POUR COPIE CONFORME :
Le Secrétaire général du Var, F. BRÉMOND.

Toulon. — Typ. J. LAURENT, rue Royale, 49.

Prix : CINQ centimes.

Dépêche Télégraphique

Tours, 4 novembre, 2 h. 10 soir.

Le Ministre de l'Intérieur à Messieurs les Préfets, Sous-Préfets et Généraux commandant les Divisions et les Subdivisions.

Chateauneuf (Loiret) a été évacué hier matin par les Prussiens, 80 y ont passé la Loire, ont rencontré francs-tireurs qui leur ont tué quelques hommes.

Les Prussiens ont incendié Vienne-en-Val, en Seine-et-Marne ; ennemi a reparu à Moret hier vers 5 heures.

En Normandie avant-postes mobiles de Loire ont surpris hier des éclaireurs ennemis près Trépigny. Dans l'est l'ennemi ne dépasse pas Dijon.

On s'est battu le 2 à Auxonne et Besançon ; l'avantage nous resterait et partie garnison ennemie de Dijon serait allée subitement vers Auxonne.

L'investissement de Belfort paraît complet.

POUR COPIE CONFORME :
Le Secrétaire général du Var, F. BRÉMOND.

Toulon. — Typ. J LAURENT, rue Royale, 49.

Prix : CINQ centimes.

RÉPUBLIQUE FRANÇAISE
Liberté, Egalité, Fraternité

Dépêche Télégraphique

Tours, 5 novembre, 11 heures du matin.

Le Ministre de l'Intérieur à Messieurs les Préfets et Sous-Préfets.

Le résultat du vote du 3 est de 442,000 OUI, 49,000 NON.
Une proclamation du Gouvernement dit : Vous nous ordonnez de rester au poste du péril que nous assigna la révolution du 4 septembre, avec la force venant de vous, avec les sentiments des grands devoirs que votre confiance nous impose, le premier est celui de la défense. Il continuera à être notre occupation exclusive ; nous préviendrons les mouvements criminels par une sévère exécution des lois.
La proclamation de Jules Favre dit : n'ayons tous qu'un cœur et une pensée, la délivrance de la Patrie. La délivrance n'est possible que par l'obéissance aux chefs militaires et le respect des lois.
Hier soir la garde nationale est allée féliciter le Gouvernement réuni chez le gouverneur de Paris; Trochu a remercié et dit : La République seule peut nous sauver, si nous la perdions, nous serions perdus avec elle ! (Applaudissements enthousiastes).
Clément Thomas est nommé commandant de la garde nationale. La tranquillité est parfaite à Paris.

Toulon, 5 novembre, 7 h. 30 soir.

Tours 5 novembre 5 h. 15 soir.
Aucun engagement militaire important n'est signalé. L'ennemi a reparu à Fontainebleau et Montereau. Engagement hier près Fay-aux-Loges entre tirailleurs et détachement bavarois ; 4 tués, 7 blessés prussiens. On parle, mais sans détails, de nouveaux combats vers Auxonne.

Toulon, 5 novembre, 9 h. soir.

POUR COPIE CONFORME :
*Le Conseiller de préfecture délégué,
faisant fonction de Sous-Préfet de Toulon, par intérim.*
R. DU VILLARS.

Toulon. — Typ. J. LAURENT, rue Royale, 49.

Prix : CINQ centimes.

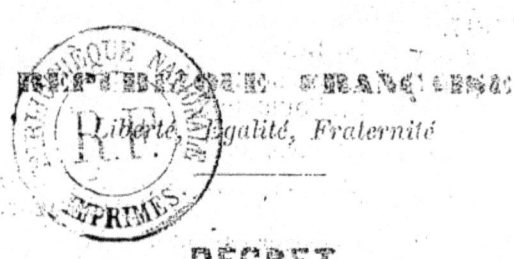

DÉCRET

De la délégation du Gouvernement de la défense nationale.

Tours, 5 novembre 1870.

Les membres du Gouvernement de la défense nationale, délégués pour représenter le Gouvernement et en exercer les pouvoirs.

Vu les décrets des 12 et 16 septembre 1870 ;

Considérant que la Patrie est en danger, que tous les citoyens se doivent à son salut ; que ce devoir n'a jamais été ni plus pressant ni plus sacré que dans les circonstances présentes,

DÉCRÈTENT :

Article 1er. Tous les hommes valides de 21 à 40 ans, mariés ou veufs avec enfants, sont mobilisés.

Art. 2. Les citoyens mobilisés par le présent décret seront organisés par les préfets, conformément aux décrets des 29 septembre et 14 octobre, ainsi qu'à la circulaire du 15 octobre de la présente année.

Art. 3. — Les citoyens mobilisés par le présent décret seront, leur organisation faite, mis à la disposition du ministre de la guerre. Cette organisation devra être terminée le 19 novembre.

Art. 4. — Il sera pourvu à leur habillement, équipement et solde, d'après les règles prescrites par le décret du 22 octobre de la présente année.

Art. 5. — Toute exemption basée sur la qualité de soutien de famille est abolie même à l'égard de ceux à qui elle avait été antérieurement appliquée par les conseils de révision. Il n'est admis d'autres exemptions que celles résultant des infirmités ou basées sur les services publics énumérés dans la circulaire du 15 octobre 1870.

Est également abrogé l'art. 145 de la loi du 22 mars 1831.

Art. 6. La République pourvoira aux besoins des familles reconnues nécessiteuses. Un comité composé du Maire ou président de la Commission municipale et de deux conseillers municipaux ou membres de la Commission municipale, délégués par le Conseil ou la Commission, statuera définitivement sur les demandes formées à cet égard par les familles domiciliées dans la commune.

Art. 7. La République adopte les enfants des citoyens qui succombent pour la défense de la patrie.

Art. 8. Le Ministre de la guerre est autorisé à utiliser, pour la fabrication des armes et engins de guerre, les usines et ateliers pouvant servir à cet effet.

Art. 9. Le Ministre de l'intérieur et de la guerre est chargé de l'exécution du présent décret, laquelle aura lieu immédiatement après la publication qui en sera faite conformément aux ordonnances du 27 novembre 1846 et du 18 janvier 1817.

Fait à Tours, le 2 novembre 1870.

Signé : Léon GAMBETTA, Ad. CRÉMIEUX, Al. GLAIS-BIZOIN, L. FOURICHON.

Par le Gouvernement :
Le secrétaire général du ministre de l'intérieur délégué,
Jules CAZOT.

Par le Gouvernement :
Le délégué du ministre au département de la guerre,
C. DE FREYCINET.

Dépêche Télégraphique

Tours, 7 novembre, 9 h. 45 matin.

Le Ministre de l'Intérieur à Messieurs les Préfets et Sous-Préfets.

L'armistice à l'effet d'élire l'Assemblée nationale est repoussée à l'unanimité par le gouvernement de la défense nationale; la Prusse n'ayant pas voulu accepter le ravitaillement de Paris et n'ayant accepté qu'avec des réserves la participation de l'Alsace et de la Lorraine au vote.

Au *Journal Officiel* formation de 3 armées dans Paris dont une de gardes nationaux sédentaires, ordre parfait à Paris.

POUR COPIE CONFORME :

Le Conseiller de préfecture délégué,
faisant fonction de Sous-Préfet de Toulon, par intérim,
R. DU VILLARS.

Toulon, le 7 novembre, midi.

Toulon. — Typ. J. LAURENT, rue Royale, 49.

Prix : CINQ centimes.

RÉPUBLIQUE FRANÇAISE
Liberté, Egalité, Fraternité

Dépêche Télégraphique

Tours, 6 novembre, 1 heure 45 soir.

Le Ministre de l'Intérieur à Messieurs les Préfets et Sous-Préfets

On signale passages importants de troupes ennemies dans Haute-Saône et Est de la Côte-d'Or.

4,000 Prussiens à Nuits, avec artillerie.

Corps Garibaldi, hier toute la journée, a barré la route de Saint-Jean-de-Losne à Auxonne près Brasey, à un corps ennemi muni de forte artillerie; ennemi n'a fait aucun progrès dans Loiret ni dans Seine-et-Marne.

Rien de nouveau à signaler du côté des Andelys.

POUR COPIE CONFORME :
*Le Conseiller de préfecture délégué,
faisant fonction de Sous-Préfet de Toulon, par intérim.*
R. Du VILLARS.

Toulon — Imprimerie de J. LAURENT, rue Royale. 49.

Prix : 0fr,05 centimes.

RÉPUBLIQUE FRANÇAISE
Liberté, Égalité, Fraternité

Tours, 9 novembre, 1 heure 15 soir.

Le Ministre de l'Intérieur à Messieurs les Préfets et Sous-Préfets

Un signale pusages importants de troupes ennemies des Hauts-Saône à l'Est de la moselle.

4,000 Prussiens à Nuits, avec artillerie.

Corps Garibaldi, fait vers la journée, a laissé 5 morts, 1 mitrailleuse, plusieurs wagons, pris Dijon; 1 un corps ennemi entre Dijon et Mâ...
m; un autre a été mis en pleine fuite dans notre attaque sur Châtillon-Sur-Seine de nouveau à signaler du côté des Vosges.

Pour copie conforme:
Le Conseiller de préfecture délégué,
faisant fonction de Sous-Préfet de Toulon, par intérim
E. DE VILLARS

Toulon — Imprimerie de I. LAURENT, rue Bardis, 10.

Prix : CINQ centimes.

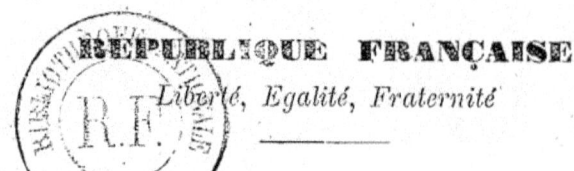

Dépêche Télégraphique

Tours, 6 novembre

Le Ministre de l'Intérieur à Messieurs les Préfets et Sous-Préfets

Je suis informé que les bruits les plus alarmants sont répandus sur la situation de l'armée de la Loire.

Démentez hardiment toutes ces mauvaises nouvelles colportées par la malveillance dans le but de provoquer le découragement, la démoralisation.

Vous serez strictement dans le vrai en affirmant que notre armée est en ce moment dans d'excellentes conditions, que son matériel est intact ou renforcé, qu'elle se dispose à reprendre la lutte contre l'envahisseur ; que chacun soit ferme et fort ; que tous ensemble nous fassions un grand et suprême effort et la France sera sauvée.

LÉON GAMBETTA.

POUR COPIE CONFORME :
Le Sous-Préfet de Toulon, H. JULIEN-SAUVE.

Toulon, 6 décembre 6 h. 30 soir.

---

110   Toulon. — Typ. J. LAURENT, rue Royale, 49.

Prix : CINQ centimes.

RÉPUBLIQUE FRANÇAISE
Liberté, Égalité, Fraternité

Dépêche Télégraphique

Tours, 7 novembre, 1 h. 45 soir.

Le Ministre de l'Intérieur à Messieurs les Préfets et Sous-Préfets

Avant-hier un combat près de Brazey s'est terminé à notre avantage. Les francs-tireurs de Garibaldi ont repoussé l'ennemi qui tentait de passer la Saone et qui s'est retiré à Brassonnière, près Dijon.

Un engagement nouveau paraît avoir eu lieu hier dans la même direction; rien de précis à ce sujet.

Ennemi se montre à Neufchateau, menaçant Chaumont.

Près de Chateaudun hier les mobiles du Gers et les francs-tireurs de Paris ont surpris un régiment de cuirassiers.

POUR COPIE CONFORME :
Le Conseiller de préfecture délégué,
faisant fonction de Sous-Préfet de Toulon, par intérim.
R. DU VILLARS.

Toulon — Imprimerie de J. LAURENT, rue Royale, 49.

Prix : CINQ centimes.

RÉPUBLIQUE FRANÇAISE
Liberté, Egalité, Fraternité

Dépêche Télégraphique

Tours, 8 november, 3 h. 35 soir.

Le Ministre de l'Intérieur à Messieurs les Préfets et Sous-Préfets.

Hier engagement d'avant-postes a eu lieu près de la forêt de Marchenoir, à la suite duquel l'ennemi a battu en retraite vers 3 heures 1/2, laissant morts et blessés sur le terrain.

Pas d'autres faits de guerre notables à signaler.

POUR COPIE CONFORME :

*Le Conseiller de préfecture délégué,
faisant fonction de Sous-Préfet de Toulon, par intérim.*
R. Du VILLARS.

Toulon, 8 novembre, 7 h. 15 soir.

Toulon. — Typ. J. LAURENT, rue Royale, 49.

Prix : CINQ centimes.

RÉPUBLIQUE FRANÇAISE
Liberté, Egalité, Fraternité

Dépêche Télégraphique

Tours, 10 novembre, 3 h. 15 soir.

Le Ministre de l'Intérieur à Messieurs les Préfets, Sous-Préfets, Généraux commandant les Divisions et les Subdivisions et général Kératry.

400 cavaliers ennemis ont incendié deux villages près Beméjac. Ils se sont présentés à l'entrée de la ville, ils ont été repoussés et poursuivis. Quelques uhlans ont été mis en déroute par la garde nationale près Ferrières, (Loiret).

Dôle, (Côte-d'Or), près Saint-Jean-de-Losne, les francs-tireurs ont pris 40 voitures de vivres à l'ennemi ; ils ont tué un des cavaliers escortant et mis les autres en déroute.

POUR COPIE CONFORME :
Le Sous-Préfet de Toulon, H. JULIEN-SAUVE.

Toulon. — Typ. J. LAURENT, rue Royale, 49.

RÉPUBLIQUE FRANÇAISE

Liberté, Egalité, Fraternité

Dépêche Télégraphique

Tours, 11 novembre, 11 h. 40 matin.

Le Ministre de l'Intérieur à Messieurs les Préfets et Sous-Préfets

L'armée de la Loire, sous les ordres du général d'Aurelles de Paladine, s'est emparée hier 10 novembre d'Orléans, après une lutte de deux jours. Nos pertes tant en tués qu'en blessés n'atteignent pas 2,000 hommes ; celles de l'ennemi sont plus considérables. Nous avons fait un millier de prisonniers et le nombre augmente par la poursuite.

Nous nous sommes emparés de deux canons, modèle prussien, de 20 caissons chargés de munitions, tout attelés, et d'une grande quantité de fourgons et de voitures d'approvisionnements.

La principale action s'est concentrée autour de Coulommiers. Dans la journée du 9, l'élan des troupes a été remarquable, malgré le mauvais temps.

Il y a lieu d'espérer que cette première opération militaire ouvre une ère nouvelle pour la France. Nos ressources en hommes sont immenses, le patriotisme est partout réveillé et le pays doit se montrer prêt aux plus grands sacrifices.

Nous avons été trop éprouvés par la fortune pour nous laisser égarer par des illusions nouvelles ; nous avons repris l'offensive, c'est un grand point ; cette offensive signifie qu'au lieu de déplacer notre base d'opérations pour la mettre en arrière nous la reportons en avant avec de la résolution, de la prudence, de l'énergie et surtout en restant unis sur le terrain de la lutte à outrance contre l'envahisseur. La République sauve la France.

Signé : GAMBETTA.

Le préfet est heureux d'avoir à annoncer à ses concitoyens cette première victoire remportée par nos jeunes mobiles unis aux débris de notre brave armée.

VIVE LA FRANCE, VIVE LA RÉPUBLIQUE !

Le Préfet du Var, Dr SECOURGEON.

Toulon, 11 novembre, 3 h. 30 soir.

Toulon. — Typ. J. LAURENT, rue Royale, 49.

RÉPUBLIQUE FRANÇAISE
Liberté, Egalité, Fraternité

Dépêche Télégraphique

Tours, 13 novembre 1870, 12 h. 40 matin.

Le Ministre de l'Intérieur à Messieurs les Préfets

Le ministre de l'intérieur et de la guerre s'est rendu aujourd'hui à Orléans pour féliciter l'armée de la Loire du résultat des journées du 9 et 10 novembre. Il a adressé aux troupes l'allocution suivante :

SOLDATS DE L'ARMÉE DE LA LOIRE,

Votre courage et vos efforts nous ont enfin ramené la victoire depuis trois mois déshabituée de nos drapeaux. La France en deuil vous doit sa première consolation, son premier rayon d'espérance.

Je suis heureux de vous apporter avec l'expression de la reconnaissance publique les éloges et les récompenses que le Gouvernement décerne à vos succès. Sous la main de chefs vigilants, fidèles, dignes de vous, vous avez retrouvé la discipline et la force.

Vous nous avez rendu Orléans enlevé avec l'entrain de vieilles troupes depuis longtemps accoutumées à vaincre. A la dernière et cruelle injure de la mauvaise fortune, vous avez montré que la France, loin d'être abattue par tant de revers inouïs jusqu'à présent dans l'histoire, entendait répondre par une générale et vigoureuse offensive. Avant-garde du pays tout entier vous êtes aujourd'hui sur le chemin de Paris.

N'oublions jamais que Paris vous attend et qu'il y va de notre honneur de l'arracher aux étreintes des barbares qui le menacent du pillage et de l'incendie ; redoublez donc de constance et d'ardeur.

Vous connaissez maintenant nos ennemis ; jusqu'ici leur supériorité n'a tenu qu'au nombre de leurs canons. Comme soldats ils ne vous égalent ni en courage ni en dévouement ; retrouvez cet élan, cette furie française qui ont fait notre gloire dans le monde et qui doivent aujourd'hui nous aider et sauver la Patrie. Avec des soldats tels que vous la République sortira triomphante des épreuves qu'elle traverse ; car après avoir organisé la défense, elle est en mesure à présent d'assurer la revanche nationale.

Vive la France ! Vive la République une et indivisible !

Le membre du gouvernement de la défense nationale,
ministre de l'intérieur et de la guerre,
LÉON GAMBETTA

Quartier général de l'armée de la Loire, 12 novembre 1870.

Le Ministre est rentré à Tours dans l'après-midi ayant recueilli sur l'attitude de l'armée les impressions les plus satisfaisantes.

POUR COPIE CONFORME :
Le Conseiller de préfecture délégué,
faisant fonction de Sous-Préfet de Toulon, par intérim.
R. DU VILLARS.

Toulon — Imprimerie de J. LAURENT, rue Royale, 49.

Prix : CINQ centimes.

RÉPUBLIQUE FRANÇAISE
Liberté. Égalité, Fraternité

Dépêche Télégraphique

Tours, 14 novembre, 2 h. 20 soir.

Le Ministre de l'Intérieur à Messieurs les Préfets et Sous-Préfets.

Rien de nouveau du côté d'Orléans.

Les Prussiens continuent leurs réquisitions à Sens et dans les villages environnants.

On annonce qu'un corps allemand se dirige sur Tonnerre ; Auxonne est sur le point d'être investi. Dole a été occupé le 13 novembre à midi par les Prussiens. A La Fère on s'attendait à l'investissement ; un corps prussien s'avançait de Reims à Cambrai.

A Saint-Illier-le-Bois (Eure) une patrouille prussienne a été surprise par 10 mobiles de l'Ardèche et 10 francs-tireurs de Caen qui lui ont tué 9 hommes et fait un prisonnier.

48 uhlans entrés le 13 à Nemours ont été faits prisonniers dans la nuit par des gardes mobiles de Château-Landon joints à des gardes nationaux.

POUR COPIE CONFORME :

*Le Conseiller de préfecture délégué,
faisant fonction de Sous-Préfet de Toulon, par intérim.*
R. DU VILLARS.

Toulon. — Typ J. LAURENT, rue Royale, 49.

Prix : CINQ centimes.

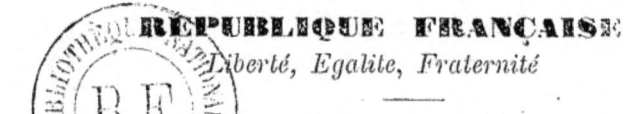
Liberté, Egalité, Fraternité

Dépêche Télégraphique

Tours, 15 novembre, 2 h. 50 soir.

Le Ministre de l'Intérieur à Messieurs les Préfets et Sous-Préfets.

De l'armée de la Loire rien à signaler.
Dôle a été évacué par l'ennemi dans la journée d'hier.
Le 13 une colonne de 800 hommes de la garnison de Mézières a fait une reconnaissance sur Praelle et Fagnon.
Un engagement heureux avec 1,200 ennemis a dégagé des francs-tireurs qui se trouvaient cernés. De notre côté 10 blessés non grièvement.

POUR COPIE CONFORME :
Le Sous-Préfet de Toulon, H. JULIEN-SAUVE.

Toulon, 15 novembre, 6 heures 15 soir.

Prix : CINQ centimes.

RÉPUBLIQUE FRANÇAISE
Liberté, Egalité, Fraternité

Dépêche Télégraphique

Tours, 17 novembre, 11 h. 45 matin.

Le Ministre de l'Intérieur à Messieurs les Préfets et Sous-Préfets.

Place de Mézières et celle d'Auxonne presque complètement investies ont répondu heureusement au premier feu de l'ennemi.

Prussiens ont quitté Nemours après avoir incendié la gare et 14 maisons.

POUR COPIE CONFORME :
Le Sous-Préfet de Toulon, H. JULIEN-SAUVE.

Toulon, 17 novembre, 5 heures 15 soir.

Toulon — Imprimerie de J. LAURENT, rue Royale, 49.

Prix : CINQ centimes.

RÉPUBLIQUE FRANÇAISE
Liberté, Egalité, Fraternité

Dépêche Télégraphique

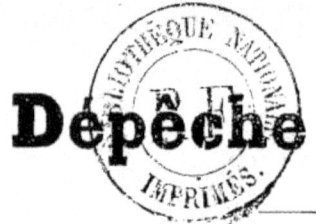

Tours, 18 novembre, 12 h. 10 soir.

Le Ministre de l'Intérieur à Messieurs les Préfets et Sous-Préfets.

Les Prussiens ont subitement abandonné l'investissement d'Auxonne et évacué Saint-Jean-de-Losne. Il nous ont attaqué en Beauce, à Landelles. Ils ont eu 20 hommes hors de combat; nous avons gardé nos positions et ils se sont repliés sur Courville; ils ont en même temps attaqué Dreux. Un combat de trois heures a eu lieu sous cette ville. L'ennemi occupe la hauteur de Chefisy.

Avant-hier des francs-tireurs et des chasseurs ont surpris de la cavalerie ennemie à Viabon ; ils ont tué une vingtaine de hussards, en ont blessé dix et fait 4 prisonniers.

Hier matin ils ont rencontré un escadron auquel ils ont tué et blessé quelques hommes.

Le 16, dans les Ardennes, entre Lonny et Harcy, 300 mobiles et 100 francs-tireurs ont eu un engagement avec 2,500 ennemis ayant de l'artillerie.

Nous avons eu 3 tués, 12 blessés ; les pertes de l'ennemi sont beaucoup plus considérables.

POUR COPIE CONFORME :
Le Sous-Préfet de Toulon, H. JULIEN-SAUVE.

Toulon, 18 novembre, 3 heures 15 soir.

Toulon. — Typ. J. LAURENT, rue Royale, 49.

Prix : CINQ centimes.

RÉPUBLIQUE FRANÇAISE
Liberté, Egalité, Fraternité

Dépêche Télégraphique

Tours, 20 novembre, 2 h. 10 m. soir.

Le Ministre de l'Intérieur à Messieurs les Préfets et Sous-Préfets

A Chatillon sur Seine 7 à 800 ennemis surpris par Ricciotti Garibaldi ont tous été mis hors de combat ont faits prisonniers.

Les Prussiens sont arrivés hier subitement devant Evreux, ils ont tiré une vingtaine de coups de canon sur la ville, la garde nationale a résisté. L'ennemi s'est retiré à la nuit à petite distance.

17 Cavaliers ennemis ont paru à Montargis, ils ont disparu en laissant un tué et un prisonnier.

POUR COPIE CONFORME :
Le Sous-Préfet de Toulon, H. JULIEN-SAUVE.

Toulon, 20 novembre, 7 heures 50 soir.

Toulon.— Typ. J. LAURENT, rue Royale, 49

Prix : CINQ centimes.

RÉPUBLIQUE FRANÇAISE
Liberté, Egalité, Fraternité

Dépêche Télégraphique

Tours, 21 novembre, 2 h. 45 soir.

Le Ministre de l'Intérieur à Messieurs les Préfets et Sous-Préfets.

Hier à Nuits engagement de cinq heures sans résultat entre 300 francs-tireurs et 1200 Prussiens a dû reprendre aujourd'hui.
Le 19, dans l'Aisne, divers engagements ont eu lieu, un notamment assez important, à Vouel, près la Fère, où nous avons perdu un capitaine et 7 ou 8 hommes.
On parle d'une sortie heureuse de Belfort vers Bessoncours. L'ennemi fortifie Montbéliard.

Pour copie conforme :
Le Sous-Préfet de Toulon, H. JULIEN-SAUVE.

Toulon, 21 novembre, 6 heures soir.

Toulon — Imprimerie de J. LAURENT, rue Royale. 49.

Prix : **CINQ centimes.**

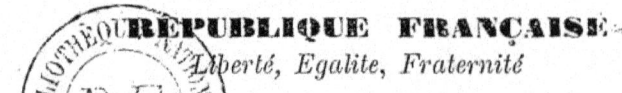
RÉPUBLIQUE FRANÇAISE
Liberté, Egalite, Fraternité

Dépêche Télégraphique

Tours, 22 novembre, 12 h. 30 m. soir.

Le Ministre de l'Intérieur à Messieurs les Préfets et Sous-Préfets

On a des nouvelles de Paris. Le succès de Coulommiers y est connu depuis plusieurs jours et a produit une grande impression.

L'esprit public est plein de confiance et d'union. Les rapports militaires et les numéros du *Journal officiel* ne sont pas encore arrivés. L'ennemi n'a pas reparu à Évreux ; des mobiles ont rencontré des forces ennemies à Bretonelles, se sont retirés après quatre heures de lutte à Yèvres ; les éclaireurs girondins ont rencontré 600 cavaliers, ont tué deux hommes et un cheval.

Une dépêche de Rocroi annonce que hier place de Mézières était dégagée. La garde nationale et la garnison de cette place dans une sortie, le 17, auraient tué à l'ennemi 500 hommes et pris un canon.

Dans la Côte-d'Or engagement le 20 entre 3 compagnies de corps francs et 1000 à 1200 Prussiens ayant 4 pièces de canon ; de notre côté un tué, 4 blessés ; Prussiens se sont retirés sur Vougeot avec pertes évaluées à 80 hommes.

POUR COPIE CONFORME :

Le Sous-Préfet de Toulon, H. JULIEN-SAUVE.

Toulon, 22 novembre, 4 heures 30 soir.

Toulon.— Typ. J. LAURENT, rue Royale, 49

Prix : CINQ centimes.

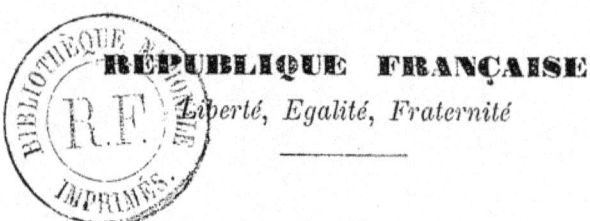
RÉPUBLIQUE FRANÇAISE
Liberté, Egalité, Fraternité

Dépêche Télégraphique

Tours, 23 novembre 1870, 2 h. 15 m. soir.

Le Ministre de l'Intérieur à Messieurs les Préfets et Sous-Préfets

Près de Vernon nos troupes ont repris l'offensive, ont cerné un important convoi de vivres venant de Mantes qui est resté dans nos mains, ont mis en déroute un détachement de 1,500 Prussiens.

De notre côté 2 mobiles tués, 5 blessés ; l'ennemi 1 officier et 6 hommes tués, une quarantaine de blessés ; nous avons fait 4 prisonniers avec 5 chevaux.

Le commandant Montgolfier, des mobiles, (Ardèche), s'est distingué, a eu son cheval tué. Vallée de l'Eure dégagée.

L'ensemble des nouvelles militaires de Paris est excellent. Le feu des forts continue à faire le plus grand mal à l'ennemi. Le cercle d'investissement s'élargit.

Méziéres débloqué, fait parvenir journaux et dépêches.

POUR COPIE CONFORME :
Le Sous-Préfet de Toulon, H. JULIEN-SAUVE.

Toulon, 23 novembre, 8 h. 20 soir.

Toulon. — Typ. J. LAURENT, rue Royale, 49.

Prix : CINQ centimes.

RÉPUBLIQUE FRANÇAISE
Liberté, Egalité, Fraternité

Dépêche Télégraphique

Tours, 24 novembre, 3 h. 10 m. soir

Le Ministre de l'Intérieur à Messieurs les Préfets et Sous-Préfets

Près de Bonneval quelques cavaliers se sont montrés, francs-tireurs et légion Charrette ont tué ou blessé 10 hommes à l'ennemi, fait prisonniers 1 cuirassier blanc et 1 sous-officier de hussards.

On signale des engagements vers Montbéliard, Vougencourt et Audencourt. Le 22 ennemi s'est retiré ayant 2 morts et 11 blessés ; pas de blessés de notre côté.

Rien à signaler du côté de la Loire.

POUR COPIE CONFORME :
Le Sous-Préfet de Toulon, H. JULIEN-SAUVE.

Toulon, 24 novembre, 7 h. 30 soir.

Toulon. — Typ. J. LAURENT, rue Royale, 49.

Prix : CINQ centimes.

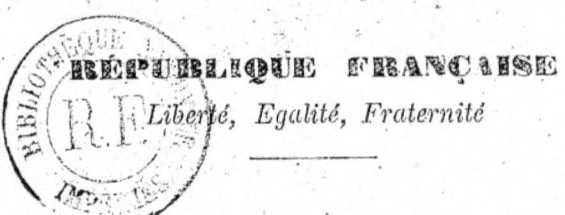

RÉPUBLIQUE FRANÇAISE
Liberté, Egalité, Fraternité

Dépêche Télégraphique

Tours, 25 novembre, 11 h. 55 m. matin.

Le Ministre de l'Intérieur à Messieurs les Préfets et Sous-Préfets.

Hier les Prussiens ont passé à Passy et à Vernon, mais sans s'y établir. A Vernonnet échange de coups de fusils avec habitants qui ont eu 1 blessé. Aux Andelys, visite d'une douzaine de uhlans repoussés par des mobiles. Eclaireurs ennemis sont signalés à Mondoubleau (Loir-et-Cher).

POUR COPIE CONFORME :
Le Sous-Préfet de Toulon, H. JULIEN-SAUVE.

Toulon, 25 novembre, 4 h. soir.

Toulon. — Typ. J. LAURENT, rue Royale, 49.

Prix : CINQ centimes.

RÉPUBLIQUE FRANÇAISE
Liberté, Egalité, Fraternité

Dépêche Télégraphique

Tours, 26 novembre, 12 h. 45 soir.

Le Ministre de l'Intérieur à Messieurs les Préfets et Sous-Préfets.

Hier l'ennemi a été délogé d'une forte position qu'il occupait sur hauteur de Yèvres près Brou. Après un combat qui a duré de 2 heures à 5 heures de l'après-midi, il a été poursuivi au delà de la Brou, nos pertes sont insignifiantes, celles de l'ennemi non évaluées.

Avant-hier soir 100 gardes nationaux, 100 mobiles du Gers et 40 francs-tireurs ont attaqué les Prussiens à St-Agel et leur ont fait subir des pertes importantes, de notre côté 2 tués, 3 blessés.

Sur la ligne de la Loire, Ladon a été évacué par l'ennemi. Une reconnaissance de cavalerie y a fait 22 prisonniers et trouvé 200 fusils Prussiens.

En Normandie, engagement d'avant-postes aux environs de Vernon, un mobile blessé mortellement, ennemi deux voitures de blessés et de morts.

Pour copie conforme :
Le Sous-Préfet de Toulon, H. JULIEN-SAUVE.

Toulon, 26 novembre, 5 h. 30 soir.

Toulon — Imprimerie de J. LAURENT, rue Royale. 49.

Prix : **CINQ centimes**.

RÉPUBLIQUE FRANÇAISE
Liberté, Egalité, Fraternité

Dépêche Télégraphique

Tours, 27 novembre, 5 h. 10 soir.

Le Ministre de l'Intérieur à Messieurs les Préfets et Sous-Préfets.

L'armée de la Loire menacée sur sa gauche par des forces très-considérables a dû masser de ce côté certaines forces un peu avancées et qui présentant une ligne mince auraient risqué d'être coupées. La droite tient vigoureusement et empêche les progrès de l'ennemi.

Un succès a été obtenu à Neuville où des forces ennemies après avoir bombardé la ville ont dû laisser le terrain à des troupes inférieures en nombre, abandonnant grand nombre de morts et blessés et 80 prisonniers, nos pertes sont peu importantes.

Cet ensemble d'opérations n'a eu qu'une gravité relative de part et d'autre et ne préjuge en rien le résultat de la rencontre attendue.

Dans la Somme combat heureux à Gentelle et Boves. Bonnes nouvelles de Montbéliard.

Pour copie conforme :
Le Sous-Préfet de Toulon, H. JULIEN-SAUVE.

Toulon, 27 novembre, 9 h. 30 soir.

Toulon — Imprimerie de J. LAURENT, rue Royale. 49.

Prix : CINQ centimes.

RÉPUBLIQUE FRANÇAISE
Liberté, Egalité, Fraternité

Dépêche Télégraphique

Tours, 28 novembre, 3 h. 10 soir.

Le Ministre de l'Intérieur à Messieurs les Préfets et Sous-Préfets.

Dans la Perche, l'ennemi semble avoir fait un mouvement analogue au nôtre, obligé d'évacuer quelques positions extrêmes de sa droite pour masser ses forces. On reste dans l'attente d'un engagement important.

Il y a eu hier des combats toute la journée aux environs d'Amiens. L'action engagée à la fois à Villers-Bretonneux, à Boves et Dury, ne nous a été favorable que sur ce dernier point.

Pour copie conforme :
Le Sous-Préfet de Toulon, H. JULIEN-SAUVE.

Toulon, 28 novembre, 7 h. 45 soir.

Toulon — Imprimerie de J. LAURENT, rue Royale, 49.

Prix : CINQ centimes.

RÉPUBLIQUE FRANÇAISE
Liberté, Egalité, Fraternité

Dépêche Télégraphique

Tours, 29 novembre, 12 heures soir.

Le Ministre de l'Intérieur à Messieurs les Préfets et Sous-Préfets

Des engagements assez vifs qui ont duré de 8 heures 1/2 du matin à 7 heures du soir ont eu lieu hier sur le front de l'armée de la Loire entre Pithiviers et Montargis. Sur ces divers points l'ennemi a été successivement repoussé avec pertes sensibles.

De nombreux prisonniers et un canon sont restés entre nos mains.

Les Prussiens sont entrés à Amiens. De nouveaux engagements ont eu lieu hier soir près de cette ville, résultat inconnu.

Engagement hier à Villiers-en-Vexin, mobiles ont infligé des pertes à l'ennemi, n'ont eu qu'un blessé.

On dit La Fère rendue après 30 heures de bombardement sans sommation.

POUR COPIE CONFORME :
Le Sous-Préfet de Toulon, H. JULIEN-SAUVE.

Toulon, 29 novembre, 5 h. 30 soir.

Toulon. — Typ. J. LAURENT, rue Royale, 49

Prix : CINQ centimes.

RÉPUBLIQUE FRANÇAISE
Liberté, Egalité, Fraternité

Dépêche Télégraphique

Tours, 1er décembre, 4 heures soir.

Le Ministre de l'Intérieur à Messieurs les Préfets et Sous-Préfets.

Dans nuit du 29 au 30, ennemi retranché dans maisons d'Etraipagny fut attaqué par nos troupes et après lutte acharnée contraint fuir en tous sens ; avons eu un capitaine grièvement blessé, 15 tués, 15 blessés ; pertes ennemies 4 officiers tués, 3 officiers prisonniers, dont un supérieur, 50 ou 60 tués, une centaine prisonniers, un canon, trois caissons pleins, nombreux chevaux tués ou pris.

Dans Loiret ennemi attaquant Maizières fut repoussé deux fois hier, 35 prisonniers dont 1 officier. Dans forêt Montargis 5 éclaireurs tué, 6 pris par francs-tireurs.

En Bourgogne combat victorieux, fîmes quelques prisonniers ; petits engagements victorieux à Primogue (Ardennes), et près d'Evreux.

Pour copie conforme :
Le Sous-Préfet de Toulon, H. JULIEN-SAUVE.

Toulon, 1er décembre, 9 h. 15 soir.

RÉPUBLIQUE FRANÇAISE
Liberté, Égalité, Fraternité

Dépêche Télégraphique

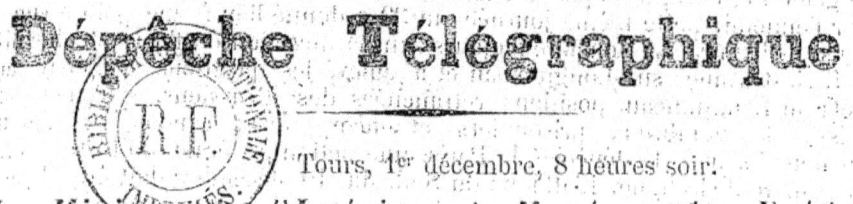

Tours, 1er décembre, 8 heures soir.

Le Ministre de l'Intérieur à Messieurs les Préfets et Sous-Préfets.

La délégation du gouvernement a reçu aujourd'hui jeudi, 1er décembre, la nouvelle d'une victoire remportée sous les murs de Paris pendant les journées des 28, 29 et 30 novembre. Cette nouvelle avait été apportée à Tours par le ballon le *Jules-Favre*, descendu près de Belle-Isle-en-Mer; à 4 heures, M. Gambetta, membre du gouvernement, s'adressant à la foule réunie dans la cour de la préfecture, a confirmé en ces termes la grande et heureuse nouvelle.

Chers concitoyens,

Après soixante-douze jours d'un siége sans exemple, tout entiers consacrés à préparer et à organiser les forces de la délivrance, Paris vient de jeter hors de ses murs pour rompre le cercle de fer qui l'étreint, une nombreuse et vaillante armée préparée avec prudence par des chefs consommés que rien n'a pu ni ébranler ni émouvoir dans cette laborieuse organisation de la victoire. Cette armée a su attendre l'heure propice, l'heure est venue.

Excités, encouragés par les fortifiantes nouvelles venues d'Orléans, les chef du gouvernement avaient résolu d'agir, et tous d'accord, nous attendions depuis quelques jours avec une sainte anxiété le résultat de nos efforts combinés. C'est le 29 novembre au matin que Paris s'est ébranlé.

Une proclamation du général Trochu a appris à la capitale cette résolution suprême et, avant de marcher au combat il a rejeté la responsabilité du sang qui allait couler sur la tête de ce ministre et de ce roi dont la criminelle ambition foule aux pieds la justice et la civilisation moderne.

L'armée de sortie est commandée par le général Ducros qui, avant de partir a fait, à la manière antique le serment solennel devant la ville assiégée et devant la France anxieuse, de ne rentrer que mort ou victorieux. Je vous donne donc, dans leur laconisme les nouvelles apportées par le ballon le *Jules Favre*, un nom de bon augure et cher à la France, tombé ce matin à Belle-Isle en mer. Le 29 au matin, la sortie dirigée contre la ligne d'investissement a commencé sur la droite par Choisy-l'Hay et Chevilly. Dans la nuit du 29 au 30 la bataille a persisté sur ces divers points. Le général Ducros sur sa gauche a passé la Marne le 30 au matin. Il occupe successivement Mely et Montmesly. Il prononce son mouvement sur sa gauche, passé la Marne et, adossé à la Marne, se met en bataille de Champigny à Bry. L'armée passe alors la Marne sur huit points ; elle couche sur ses positions après avoir pris à l'ennemi deux pièces de canon.

L'affaire a été rapportée à Paris par le général Trochu. Ce rapport, qui fait l'éloge de tous, ne passe sous silence que la grande part du général Trochu à l'action, ainsi faisait Turenne.

Il est constant qu'il a rétabli le combat sur plusieurs points en entraînant l'infanterie par sa présence. Durant cette bataille, le périmètre de Paris était couvert par un feu formidable, l'artillerie fouillant toutes les positions de la ligne d'investissement.

L'attaque de nos troupes a été soutenue pendant toute l'action par des canonnières lancées sur la Marne et sur la Seine.

Le chemin de fer circulaire de M. Dorian, dont on ne saurait trop célébrer le génie militaire, a coopéré à l'action à l'aide de wagons blindés faisant feu sur l'ennemi. Cette même journée du 30 a donné lieu à une pointe vigoureuse de l'amiral La Roncière toujours dans la direction de l'Hay et Chevilly.

Il s'est avancé sur Longjumeau et a enlevé les positions d'Epinay au-delà de Longjumeau, positions retranchées des Prussiens, qui nous ont laissé de nombreux prisonniers et encore deux canons. A l'heure où nous lisons la dépêche de Paris, une action générale doit être engagée sur toute la ligne. L'attaque du Sud, du 1er décembre doit être dirigée par le général Vinoy.

D'aussi considérables résultats n'ont pu être achetés que par de glorieuses pertes. Deux mille blessés, le général Renault, commandant le 2e corps et le général Lacharrière ont été blessés. Le général Ducros s'est couvert de gloire et a mérité la reconnaissance de la nation. Les pertes prussiennes sont très considérables. Tous ces renseignements sont officiels, car ils sont adressés par le chef d'état-major général, le général Schmitz.

Pour extrait conforme : Léon GAMBETTA.

Le génie de la France un moment voilé réapparait grâce aux efforts du pays tout entier. La victoire nous revient et comme pour nous faire oublier la longue série de nos infortunes ; elle nous favorise sur presque tous les points. En effet, notre armée de la Loire a déconcerté depuis trois semaines tous les plans des Prussiens et repoussé toutes leurs attaques. Leur tactique a été impuissante sur la solidité de nos troupes, à l'aile droite comme à l'aile gauche.

Etrépagny a été enlevé aux Prussiens et Amiens évacué à la suite de la bataille de Paris. Nos troupes d'Orléans sont vigoureusement lancées en avant, nos deux grandes armées marchent à la rencontre l'une de l'autre. Dans leurs rangs, chaque officier, chaque soldat sait qu'il tient dans ses mains le sort même de la Patrie. Cela seul les rend invincibles. Qui donc douterait désormais de l'issue future de cette lutte gigantesque. Les Prussiens peuvent mesurer aujourd'hui la différence qui existe entre un despote qui se bat pour satisfaire ses caprices et un peuple armé qui ne veut pas périr. Ce sera l'éternel honneur de la République d'avoir rendu à la France le sentiment d'elle-même, et l'ayant trouvée abaissée, désarmée, trahie, occupée par l'étranger de lui avoir ramené l'honneur de la discipline, les armes la victoire.

L'envahisseur est maintenant sur la route où l'attend le feu de nos populations soulevées.

Voilà, citoyens, ce que peut une grande nation qui veut garder intacte la victoire de son passé, qui ne verse son sang et celui de l'ennemi que pour le triomphe du droit et de la justice dans le monde. La France et l'univers n'oublieront jamais que c'est Paris qui, le premier, a donné cet exemple, enseigné cette politique et fondé aussi sa suprématie morale en restant fidèle à l'héroïque esprit de la Révolution.

Vive Paris ! vive la France ! vive la République une et indivisible !

LÉON GAMBETTA.

POUR COPIE CONFORME :
Le Sous-Préfet de Toulon, H. JULIEN-SAUVE.

Toulon, 2 décembre, 5 h. 15 matin.

Prix : CINQ centimes.

RÉPUBLIQUE FRANÇAISE
Liberté, Egalité, Fraternité

Dépêche Télégraphique

Tours, 2 décembre, 12 h. 30 soir.

Le Ministre de l'Intérieur à Messieurs les Préfets et Sous-Préfets.

Le nouveau mouvement en avant de l'armée de la Loire a débuté par un succès.

Le 16e corps a trouvé l'ennemi fortement établi de Guillonville à Terminiers, malgré la résistance énergique de l'ennemi qui comptait au moins 20,000 hommes et de 40 à 50 canons, on a enlevé successivement outre les premières positions de l'ennemi celles de Nonneville, Villepién et Faverolles. Nos troupes ont vigoureusement enlevé les villages à la baïonnette. L'artillerie a été remarquable.

Nos pertes sont peu graves, celles de l'ennemi considérables. Nous avons de nombreux prisonniers.

Les honneurs de la journée sont à l'amiral Jaureguibery.

POUR COPIE CONFORME :
Le Sous-Préfet de Toulon, H. JULIEN-SAUVE.

Toulon, 2 décembre, 5 h. 30 soir.

Toulon.— Typ. J. LAURENT, rue Royale, 49

Prix : CINQ centimes.

RÉPUBLIQUE FRANÇAISE
Liberté, Egalité, Fraternité

Dépêche Télégraphique

Tours, 3 décembre, 3 heures soir.

Le Ministre de l'Intérieur à Messieurs les Préfets et Sous-Préfets.

Le mouvement de l'armée de la Loire s'est continué hier, il a donné lieu à une série d'engagements sans avantage marqué d'aucun côté. Dans l'un d'eux, le général de Sonis, emporté par son élan, a été blessé et fait prisonnier. Cet accident a déterminé un temps d'arrêt dans la marche du 17e corps. Du reste, nous gardons nos positions et le moral des troupes est excellent.

Dans l'Est, Autun a été à deux reprises attaqué par l'ennemi, et deux fois l'ennemi a été repoussé, la deuxième avec des pertes importantes.

Rien de nouveau dans le Nord, le mouvement de retraite de l'ennemi parait se prononcer.

POUR COPIE CONFORME :
Le Sous-Préfet de Toulon, H. JULIEN-SAUVE.

Toulon, 3 décembre, 6 h. soir.

Prix : CINQ centimes.

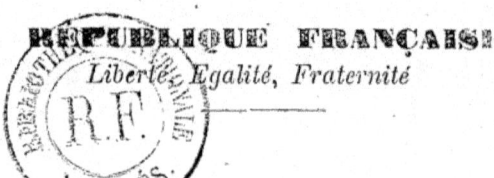

Dépêche Télégraphique

Tours, 4 décembre 2 h. 5 soir.

Le Ministre de l'Intérieur à Messieurs les Préfets et Sous-Préfets.

L'armée de la Loire ayant devant elle une énorme concentration de forces ennemies a discontinué son mouvement et reprend les fortes positions qu'elle occupait.

Cette accumulation d'efforts contre l'armée de la Loire devra faciliter d'autant plus les mouvements de l'armée de Paris.

Dans l'est on signale un engagement heureux. Entre Autun et Arnan, l'ennemi a été vigoureusement poursuivi. Un détachement prussien a été surpris hier matin à Pesmes, près d'Auxonne, a laissé sur le terrain 4 tués, 4 blessés, le chef prussien tué.

POUR COPIE CONFORME :
Le Sous-Préfet de Toulon, H. JULIEN-SAUVE.

Toulon, 4 décembre, 5 h. 45 soir.

Toulon.— Typ. J. LAURENT, rue Royale, 49

Prix : CINQ centimes.

RÉPUBLIQUE FRANÇAISE
Liberté, Egalité, Fraternité

Dépêche Télégraphique

Tours, 5 décembre, 11 heures 50 soir.

Le Ministre de l'Intérieur à Messieurs les Préfets et Sous-Préfets

Veuillez donner la plus grande publicité à la note suivante :

Après les divers combats livrés dans les journées des 2 et 3 décembre, qui avaient causé beaucoup de mal à l'ennemi, mais qui en même temps avaient arrêté la marche de l'armée de la Loire, la situation générale de cette armée parut tout à coup inquiétante au général commandant en chef d'Aurelles de Paladines.

Dans la nuit du 3 au 4 décembre le général d'Aurelles parla de la nécessité qui s'imposait, suivant lui, d'évacuer Orléans et d'opérer la retraite des divers corps de l'armée sur la rive gauche de la Loire. Il lui restait cependant une armée de plus de 200,000 hommes pourvue de 500 bouches à feu, retranchée dans un camp fortifié de pièces de marine à longue portée. Il semblait que ces conditions exceptionnellement favorables dussent permettre une résistance qu'en tout cas les devoirs militaires les plus simples pardonnaient de tenter. Le général d'Aurelles n'en persista pas moins dans son mouvement de retraite, il était sur place, disait-il, il pouvait mieux que personne juger de la situation des choses.

Après une délibération prise en conseil de gouvernement à l'unanimité, la délégation fit passer le télégramme suivant au général commandant en chef l'armée de la Loire :

« L'opinion du gouvernement consulté était de vour tenir ferme à Orléans, vous servir des travaux de défense et ne pas s'éloigner de Paris, mais puisque vous affirmez que la retraite est nécessaire, que vous êtes mieux à même sur les lieux de juger la situation, que vos troupes ne tiendraient pas, le gouvernement vous laisse le soin d'exécuter les mouvements de retraite sur la nécessité des quels vous insistez, et que vous présentez comme de nature à éviter à la défense nationale un plus grand désastre que celui même de l'évacuation d'Orléans. En conséquence je retire mes ordres de concentration actives et forcées à Orléans et dans le perimètre de vos feux de défense donnez les ordres d'évacuation à tous les généraux en chef placés sous votre commandement. »

Cette dépêche a été envoyée à 11 heures. A midi le général d'Aurelles de Paladines écrivait d'Orléans : « Je change mes dispositions, je dirige sur Orléans, le 16e et le 17e corps, j'appelle le 18 et le 20e, j'organise la résistance, je suis à Orléans, à la place. » Signé : D'Aurelles.

Ce plan de concentration était justement celui qui, depuis 24 heures était consulté, ordonné par le ministre de la guerre qui voulut se rendre lui-même à Orléans pour s'associer à la concentration rapide des corps de troupes. A 1 h. 1/2, il partait par un train spécial, à 4 heures. 1/2 en avant du village de Chapelle, le train dut s'arrêter, la voie était coupée par un parti de cavaliers prussiens qui l'avaient couverte de madriers et de pièces de bois pour entraver la marche des convois. A cette heure on entendait la canonnade dans le lointain, on pouvait croire qu'on se battait en avant d'Orléans.

A Beaugency, où le ministre de la guerre était revenu pour prendre une voiture afin d'aller à Ecouy, croyant que la résistance se continuait devant Orléans, il ne fut plus possible d'avoir de nouvelles ; ce n'est qu'à Blois, à 9 heures du soir, que la dépêche suivante fut envoyée de Tours : « Depuis midi, je n'ai reçu aucune dépêche d'Orléans, mais à l'instant, en même temps que la vôtre, 6 heures 3, je reçois deux dépêches d'Orléans annonçant qu'on a tiré sur votre train à la Chapelle, l'autre du général d'Aurelles ainsi conçue :

J'avais espéré jusqu'au dernier moment.

L'ennemi a proposé notre évacuation d'Orléans, à 11 heures 1/2 sous peine de bombardement de la ville, comme nous devons la quitter cette nuit, j'ai accepté au nom du général en chef ; batteries de la marine ont été enclouées, poudres et matériel détruits.

Orléans, Secrétaire général à l'Intérieur.

L'ennemi a occupé Orléans à minuit ; on dit les Prussiens entrés presque sans munitions, ils n'ont presque pas fait de prisonniers.

A l'heure actuelle des dépêches des chefs des différents corps, annoncent que la retraite s'effectue en bon ordre, mais on est sans nouvelles du général d'Aurelles qui n'a rien fait parvenir au Gouvernement. Les nouvelles reçues jusqu'à présent disent que la retraite des corps d'armée accomplie dans les meilleures conditions possibles. Nous espérons reprendre bientôt l'offensive ; le moral des troupes est excellent.

Courrier reçu de Paris par ballon *Franklin* signale des victoires sous Paris, les 2 et 3 décembre celle du 3 surtout a été importante comme résultat, nous avons combattu hier 3 heures dit le général Trochu pour conserver nos positions et 5 heures pour enlever celles de l'ennemi sur lesquelles nous couchons. Les pertes prussiennes sont évaluées chiffres très considérables ; 400 Prussiens sont arrivés dans la journée à Paris ; les troupes ennemies engagées le 3 étaient pour la plupart Saxons ou Wurthembergeois.

Rapport officiel dit pertes ennemies tellement considérables que pour la première fois de la campagne, il a laissé passer une rivière en sa présence en plein jour, à une armée qu'il avait attaquée la veille avec tant de violence, la matinée du 4 a été calme avec grand effet moral produit dans Paris.

Léon GAMBETTA.

POUR COPIE CONFORME :
Le Sous-Préfet de Toulon, H. JULIEN-SAUVE.

Toulon, 6 décembre 10 h. matin.

Prix : CINQ centimes.

RÉPUBLIQUE FRANÇAISE
Liberté, Égalité, Fraternité

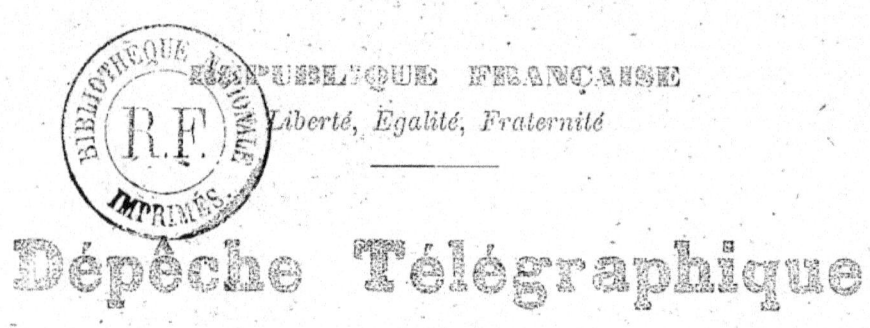

Tours, 8 décembre 1 h. 40.

Le Ministre de l'Intérieur à Messieurs les Préfets et Sous-Préfets

Hier les troupes commandées par le général Chausy ont été attaquées sur la ligne de Meung à Saint-Laurent-des-Bois, contre nous été engagées les deux divisions bavaroises, une prussienne avec 2,000 chevaux et 86 pièces d'artillerie avec des forces considérables en réserve sous les ordres du prince Frédéric-Charles.

L'ennemi a été repoussé au de-là du Grand-Châtre, nos troupes ont couchés sur leurs positions du matin. Les prisonniers avouent des pertes considérables chez l'ennemi. Le général de division bavarois Steffen a reçu deux blessures. En avant Saint-Laurent-des-Bois l'ennemi a été repoussé à Marole.

POUR COPIE CONFORME :
Le Sous-Préfet de Toulon, H. JULIEN-SAUVE.

Toulon, 8 décembre 6 h. 45 soir.

Prix : CINQ centimes.

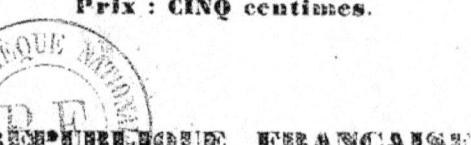

RÉPUBLIQUE FRANÇAISE
Liberté, Egalité, Fraternité

Dépêche Télégraphique

Tours, 9 décembre 2 h. 30 s.

Le Ministre de l'Intérieur à Messieurs les Préfets et Sous-Préfets.

L'armée du général Chauzi attaquée hier sur toute la ligne par l'armée du prince Frédéric-Charles, a tenu toute la journée et a couché sur les mêmes positions que la veille. Nous n'avons pas de détails sur cette seconde journée.

Pour copie conforme :
Le Sous-Préfet de Toulon, H. JULIEN-SAUVE.

Toulon, 10 décembre, 2 h. du matin.

112   Toulon — Imprimerie de J. LAURENT, rue Royale, 49.

Prix : CINQ centimes.

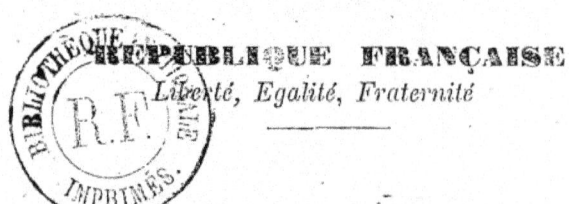

RÉPUBLIQUE FRANÇAISE
Liberté, Egalité, Fraternité

Dépêche Télégraphique

Bordeaux, 12 décembre, 7 h. 30 soir.

Le Ministre de l'Intérieur à Messieurs les Préfets et Sous-Préfets.

Les embarras matériels de la translation des services de Tours à Bordeaux ont été la seule cause de l'interruption des dépêches de guerre.

La dernière affaire importante de l'armée du général Chanzy est du 10 et a duré de 8 heures du matin à 5 heures 1/2 ; dans cette journée 400 prisonniers ont été faits et le village d'Oripry repris.

Les prisonniers ont confirmé pertes ennemies considérables. Le 9 et le 10 nos mitrailleuses ont fait de nombreuses victimes, de notre côté pertes sensibles.

Dans le val de la Loire, l'ennemi paraît prononcer son mouvement sur la rive gauche.

Rien de nouveau de l'armée de Bourges. En Normandie, l'ennemi occupe Evreux, a évacué Elbœuf et Oissel. Dans un engagement hier à beaumont-de-Roger, il a perdu 50 tués ou blessés, nous avons seulement 3 tués et 5 blessés.

POUR COPIE CONFORME :
Le Sous-Préfet de Toulon, H. JULIEN-SAUVE.

Toulon, 13 décembre, 2 heures du matin.

Prix : CINQ centimes.

RÉPUBLIQUE FRANÇAISE
Liberté, Egalité, Fraternité

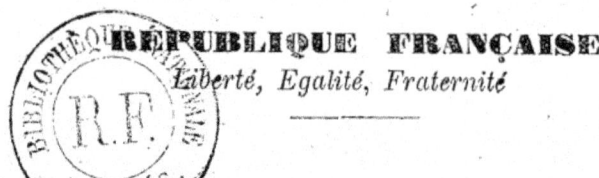

Dépêche Télégraphique

Bordeaux, 13 décembre 11 h. 50 du matin.

Le Ministre de l'Intérieur à Messieurs les Préfets et Sous-Préfets.

Aucun engagement à signaler sur la rive gauche de la Loire.
L'ennemi a paru à Contres, à Montrichard et à Romorantin, dans l'Ouest il occupe Conches ; il a évacué Verneuil et Dreux.
En Bourgogne quelques cavaliers sont entrés à Saint-Jean-de-Losne.

POUR COPIE CONFORME :
Le Sous-Préfet de Toulon, H. JULIEN-SAUVE.

Toulon, 13 décembre, 2 heures 45 soir.

Prix : CINQ centimes.

RÉPUBLIQUE FRANÇAISE
Liberté, Egalité, Fraternité

Dépêche Télégraphique

Bordeaux, 14 décembre, midi.

Le Ministre de l'Intérieur à Messieurs les Préfets et Sous-Préfets.

Toujours pas d'engagement à signaler sur la Loire.
Évacuation du triangle Verneuil, Brezolles, Dreux, est confirmée.
Dans la Seine-Inférieure l'ennemi semble plutôt reculer.
Dieppe est libre depuis le 10. Evreux et Cerquigny occupés hier.
Les Prussiens travaillant à détruire un pont ont été débusqués par mobiles qui en ont mis 16 hors de combat.

POUR COPIE CONFORME :
Le Sous-Préfet de Toulon, H. JULIEN-SAUVE.

Toulon, 14 décembre, 4 heures 30 soir.

Toulon — Typ. J. LAURENT, rue Royale, 49.

Prix : CINQ centimes.

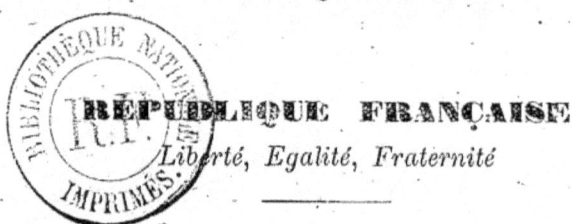

RÉPUBLIQUE FRANÇAISE
Liberté, Egalité, Fraternité

Dépêche Télégraphique

Bordeaux, 16 décembre 4 h. soir.

Le Ministre de l'Intérieur à Messieurs les Préfets et Sous-Préfets.

Le grand duc de Mecklembourg a dirigé mercredi une très-vive attaque sur Fretteval qu'il a occupé fortement dans la nuit, mais qui lui a été repris hier. Réuni à des troupes de Frédéric-Charles il a engagé hier un combat en avant de Vendome. Nos troupes ont bien résisté. On s'est battu jusqu'à la nuit. L'ennemi paraît avoir essuyé de grandes pertes.

Entre Briare et Gien, trois bataillons bavarois ont été poursuivis jusque dans Gien par des mobiles.

Le 11 un convoi prussien a été enlevé entre Chauny et La Fère, par les troupes de l'armée du Nord, qui ont fait une centaine de prisonniers.

Le Hâvre est de nouveau menacé par l'ennemi.

POUR COPIE CONFORME :
Le Sous-Préfet de Toulon, H. JULIEN-SAUVE.

Toulon, 16 décembre, 8 heures soir.

Prix : **CINQ centimes.**

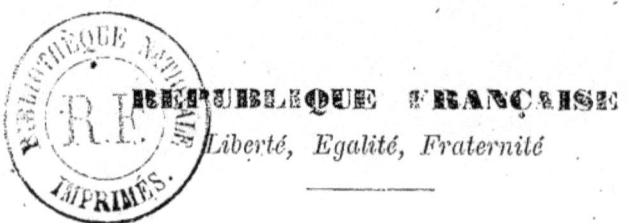

RÉPUBLIQUE FRANÇAISE
Liberté, Egalité, Fraternité

Dépêche Télégraphique

Bordeaux, 18 décembre 7 h. 20 soir.

Le Ministre de l'Intérieur à Messieurs les Préfets et Sous-Préfets

Nouvelles de Paris par ballon *Davy* tombé à Beaune, Côte-d'Or aujourd'hui.
Paris continue à être calme, résolu, confiant.
Nous avons des vivres pour longtemps; l'armée et la population sont pleines d'ardeur.

Pour copie conforme :
Le Sous-Préfet de Toulon, H. JULIEN-SAUVE.

Toulon, 18 décembre, 9 h. 10 soir.

Toulon — Imprimerie de J. LAURENT, rue Royale. 49.

Prix : **CINQ** centimes.

RÉPUBLIQUE FRANÇAISE

Liberté, Egalité, Fraternité

Dépêche Télégraphique

Bordeaux, 19 décembre 4 h. 30 soir.

Le Ministre de l'Intérieur à Messieurs les Préfets et Sous-Préfets

Depuis quelques jours les fausses nouvelles sont répandues avec une persistance et une malignité incroyables. Certains journaux empressés à les répandre et à les commenter semblent obéir à un mot d'ordre.

Je ne saurais trop engager à tenir les populations en garde contre de pareilles manœuvres qui n'ont d'autre but que de dérouter l'opinion et d'énerver la fibre patriotique ; il faut que les départements imitent la confiance et la fermeté d'âme de Paris, que les messagers prussiens introduits dans ses murs ne réussissent même pas à émouvoir.

Le gouvernement de la République tient à honneur de ne rien cacher de la vérité. Tenez donc pour certain que les nouvelles de la guerre qui ne vous sont point directement communiquées par nos bulletins quotidiens sont apocryphes. Lorsque nous gardons le silence c'est qu'il n'y a aucun fait accompli à signaler.

Quant aux mouvements stratégiques tout le monde comprendra la réserve que nous devons garder. Soyons patients, calmes et courageux ; à Paris comme sur les rives de la Loire, la situation est bonne. Si l'œuvre de la résistance nationale n'est entravée par aucune défaillance, si tous les citoyens au lieu de se laisser à des paniques inexplicables savent élever leurs résolutions à la hauteur des circonstances, l'heure de la revanche sera prochaine.

Telle est notre inébranlable foi. Aidez-nous à la faire partager par les populations en réagissant contre les faux bruits qui, dans les circonstances sont une véritable conspiration contre la Patrie.

Toulon, 19 décembre, 8 h. 45 soir.

Bordeaux, 19 décembre 4 h, 55 soir.

24,000 prussiens avec 11 batteries d'artillerie ont attaqué Nuits hier, et l'ont occupé après un combat acharné qui a duré jusqu'à 5 heures dans lequel ils ont éprouvé de grandes pertes. Les nôtres quoique sensibles sont beaucoup moindres. On s'attend à de nouveaux engagements de ce côté.

Près du Hâvre, 60 cavaliers sont venus jusqu'à Raint-Romain où les francs-tireurs les ont dispersés.

Toulon, 19 décembre, 9 heures 30 soir.

POUR COPIE CONFORME :
Le Sous-Préfet de Toulon, H. JULIEN-SAUVE.

Toulon — Imprimerie de J. LAURENT, rue Royale, 49.

Prix : CINQ centimes.

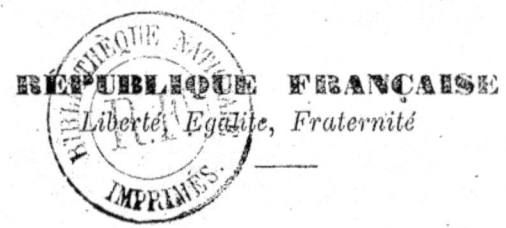

RÉPUBLIQUE FRANÇAISE
Liberté, Egalité, Fraternité

Dépêche Télégraphique

Bordeaux, 20 décembre 1 h. 10 soir.

Le Ministre de l'Intérieur à Messieurs les Préfets et Sous-Préfets.

On ne signale aujourd'hui qu'un engagement près de Brionne (Eure), entre les francs-tireurs et 200 Prussiens qui ont été délogés à la baïonnette des hauteurs boisées et ont fui en déroute sur Bourtheroulle emmenant de nombreux morts et blessés. De notre côté, deux blessés.

POUR COPIE CONFORME :
Le Sous-Préfet de Toulon, H. JULIEN-SAUVE.

Toulon, 20 décembre 5 h. soir.

Toulon — Typ. J. LAURENT, rue Royale, 49.

Prix : CINQ centimes.

RÉPUBLIQUE FRANÇAISE
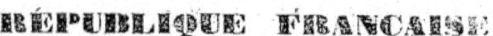
Liberté, Egalité, Fraternité

Dépêche Télégraphique

Bordeaux, 20 décembre 6 h. 30 soir.

Le Ministre de l'Intérieur à Messieurs les Préfets et Sous-Préfets.

Informations que le gouvernement vient de recevoir de Paris lui permettent de démentir de la manière la plus catégorique les bruits de désordre dans la rue et de répressions violentes dont certains journaux se sont fait les propagateurs.

Les seuls faits regrettables qui puissent être signalés sont des infractions à la discipline militaire qui ne forment du reste, qu'une infime exception parfaitement circonscrite et qui ont entraîné la dissolution de deux bataillons de la Garde nationale, celui des tirailleurs de Belleville celui des volontaires du 147e.

M. Flourens a été renvoyé devant un conseil de guerre à raison de faits auxquels la politique est étrangère, sous la prévention d'une usurpation d'insignes et de commandements militaires.

Un certain nombre de volontaires de Belleville sont traduits devant la même juridiction pour désertion en présence de l'ennemi.

Il ne s'est produit ni à l'occasion de ces faits particuliers, ni en aucune autre circonstance aucun symptôme de discorde ; l'esprit d'union et de patriotisme n'a fait au contraire qu'aller en s'exaltant.

POUR COPIE CONFORME :
Le Sous-Préfet de Toulon, H. JULIEN-SAUVE.

Toulon, 20 décembre 10 h. 15 soir.

Toulon — Typ. J. LAURENT, rue Royale, 49.

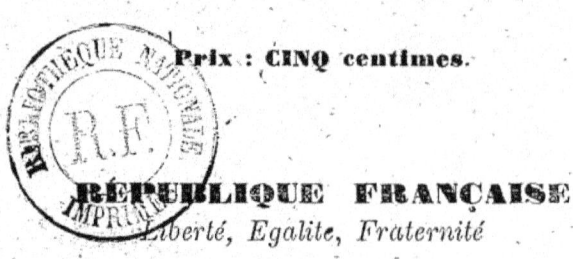

Prix : CINQ centimes.

RÉPUBLIQUE FRANÇAISE
Liberté, Egalité, Fraternité

Dépêche Télégraphique

Bordeaux, 21 décembre 1 h. 35 soir.

Le Ministre de l'Intérieur à Messieurs les Préfets et Sous-Préfets.

Divers engagements ont eu lieu hier aux environs de Tours qui est menacé de près du côté de la Légion-de-Vendome.
En Normandie, l'ennemi continue à se fortifier à Bourg-Théroules, un petit détachement venu à Glos-Monfort, pour couper le télégraphe a été repoussé par les mobiles. Un nouvel engagement paraît avoir eu lieu hier vers Nuits, mais les détails manquent.

POUR COPIE CONFORME :
Le Sous-Préfet de Toulon, H. JULIEN-SAUVE.

Toulon, 21 décembre 6 h. 30 soir.

Toulon — Typ. J. LAURENT, rue Royale, 49.

Prix : CINQ centimes.

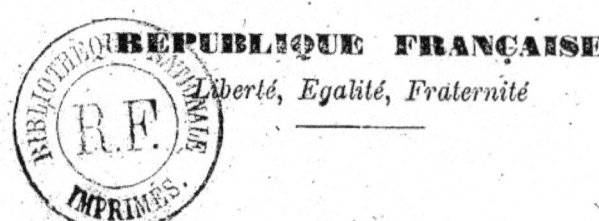

Dépêche Télégraphique

Bordeaux, 21 décembre, 6 h. 30 soir.

Le Ministre de l'Intérieur à Messieurs les Préfets et Sous-Préfets.

M. Gambetta, ministre de l'Intérieur et de la Guerre, poursuivant la tâche qu'il s'est donnée de se rendre compte par lui-même de l'état de nos forces militaires a quitté Bourges pour se rendre à Lyon.

Toulon, minuit.

Bordeaux, 21 décembre, 6 heures 40 du soir.

Une dépêche du préfet du Rhône vient d'informer le gouvernement qu'un épouvantable forfait a été commis hier à Lyon ; l'un des chefs de bataillon de la garde nationale de la Croix-Rousse, républicain éprouvé, a été saisi sous un prétexte futile et fusillé par une bande de misérables, probablement stipendiés par les ennemis de la République et de la France. L'exécution a eu lieu après un simulacre de jugement qui ajoute, si c'est possible, à l'odieux du crime.

La dépêche du Préfet qui apporte ces détails disait : Lyon est consterné et indigné, mais tranquille ; l'ordre ne sera pas troublé.

A la réception de la dépêche M. le garde des sceaux, ministre de la justice a donné l'ordre de poursuivre énergiquement les coupables ; de son côté M. le ministre de l'intérieur et de la guerre, télégraphie de Lyon à ses collègues du gouvernement :

Le crime commis hier a indigné la population. On recherche activement les assassins pour que justice exemplaire et expiation se fasse.

Toulon, 22 décembre, 2 h. matin.

POUR COPIE CONFORME :
Le Sous-Préfet de Toulon, H. JULIEN-SAUVE.

Toulon. — Typ. J. LAURENT, rue Royale, 49.

Prix : CINQ centimes.

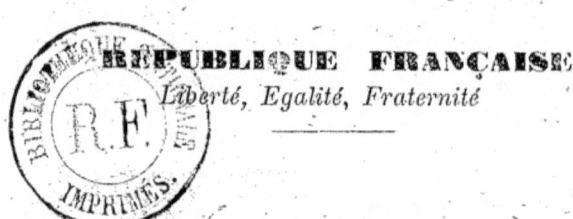
RÉPUBLIQUE FRANÇAISE
Liberté, Egalité, Fraternité

Dépêche Télégraphique

Bordeaux, 22 décembre, 3 h. 30 soir.

Le Ministre de l'Intérieur à Messieurs les Préfets et Sous-Préfets

Le 20, un engagement a eu lieu à Monnaie et à Notre-Dame-Doé, et a duré une partie de la journée. Nous avons infligé des pertes sérieuses à l'ennemi et fait 60 prisonniers. Mais avons fait retraite devant forces très supérieures. Nous avons éprouvé dans cette retraite des pertes très sensibles.

Hier des cavaliers ennemis arrivant à Tours, ont été accueillis par des coups de en qui en ont blessé 3 ou 4.

Des obus ont été lancés sur la ville et ont fait quelques victimes. Le drapeau parlementaire a été hissé. Le maire a obtenu la cessation de la canonnade. L'ennemi n'est pas entré hier dans cette ville.

On annonce que les Prussiens sont arrivés le 20 à Auxerre au nombre de 7 à 8 mille hommes.

Bordeaux, 22 décembre, 5 h. 45 soir.

Un messager du gouvernement arrivé par ballon à Beaufort (Maine-et-Loire) annonce qu'il a laissé Paris en excellent état.

Les opérations militaires avaient recommencé hier matin. Nous avons eu un combat d'artillerie qui nous a été favorable.

La villa Evrard et la Maison Blanche ont été prises par le général Vinoy.

Le général Ducrot a livré un combat en avant de Broucey.

L'ennemi n'est pas entré à Tours, il s'est replié vers Chateaurenault.

POUR COPIE CONFORME :
Le Sous-Préfet de Toulon, H. JULIEN-SAUVE.

Toulon, 22 décembre, 8 h. 45.

Toulon. — Typ. J. LAURENT, rue Royale, 49

Prix : CINQ centimes.

RÉPUBLIQUE FRANÇAISE
Liberté, Égalité, Fraternité

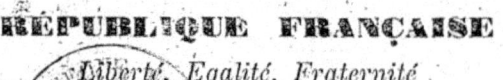

Dépêche Télégraphique

Bordeaux, 23 décembre, 5 heures soir.

Le Ministre de l'Intérieur à Messieurs les Préfets et Sous-Préfets.

Le rapport militaire de la journée du 21 sous Paris, dit que les opérations militaires commencées ont été interrompues par la nuit. A l'Est, nous avons occupé Neuilly-sur-Marne, Ville-Evrard, Maison-Blanche, et éteint sur tous les points le feu de l'ennemi.

Après un combat d'artillerie très-vif au Nord-Est, l'amiral La Roncière, avec troupes de Saint-Denis, a attaqué le Bourget, mais n'a pas pu s'y maintenir, est revenu avec une centaine de prisonniers. Le général Ducrot a fait alors une violente attaque contre les batteries de Pont-Ablon et Blancmesnil.

A l'ouest le général Noël a fait une démonstration sur Montretout et Buzenval. La garde mobilisée a pris part à l'action avec une grande ardeur ; le soir le général Ducrot occupait la ferme de Groslay et le Grand Drancy, Trochu passait la nuit avec les troupes sur le lieu de l'action. Les troupes de l'amiral La Roncière ont fait des pertes assez sensibles, les autres corps ont peu souffert.

Hier à Lyon le ministre de l'intérieur et de la guerre a assisté avec le préfet du Rhône à l'enterrement du commandant Arnaud que toute la population suivait. Il a partout été acclamé surtout à la Croix-Rousse.

Il se confirme que le crime n'est imputable à aucun parti politique, l'instruction se poursuit activement, plusieurs arrestations ont été faites.

POUR COPIE CONFORME :
Le Sous-Préfet de Toulon, H. JULIEN-SAUVE.

Toulon, 23 décembre, minuit.

Prix : CINQ centimes.

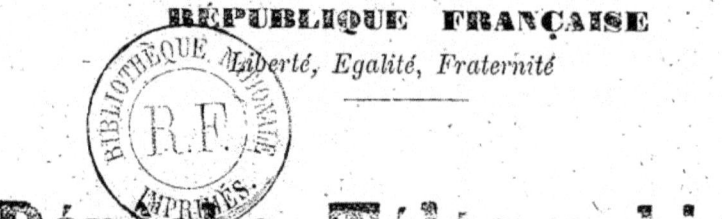

RÉPUBLIQUE FRANÇAISE
Liberté, Egalité, Fraternité

Dépêche Télégraphique

Bordeaux, 24 décembre, 12 heures 50 soir.

Le Ministre de l'Intérieur à Messieurs les Préfets et Sous-Préfets

Hier l'armée du Nord a livré bataille de 11 à 6 heures à Pont-Noyelles. Elle est restée maîtresse du champ de bataille après un long combat d'artillerie terminé par une charge de l'infanterie sur toute la ligne.

L'ensemble des renseignements de la Loire indique que l'ennemi renonce à poursuivre sa marche au delà de Tours, que même il se replie sur Orléans.

De nouveaux renseignements sur l'affaire de Nuits du 18, permettent d'affirmer que cette journée a été avantageuse.

Le général Cremer avec moins de 10,000 hommes dont beaucoup voyaient le feu pour la première fois et trois batteries, a soutenu jusqu'à la nuit close un combat contre des forces très supérieures appuyées par sept batteries. L'ennemi n'est entré dans la ville qu'à la faveur de l'obscurité et a dû l'abandonner dès 4 heures du matin. Notre retraite, faite en bon ordre, n'a pas dépassé un kilomètre. Les pertes avouées par l'ennemi, sont quatre fois plus considérables que les nôtres. Le prince Guillaume de Bade a été blessé mortellement. Depuis ce temps l'ennemi n'a ni renouvelé son attaque ni inquiété les positions de Garibaldi. C'est, de notre côté, l'héroïque première légion des mobilisés du Rhône qui a le plus souffert.

Le 20 Nuits était complètement abandonné par l'ennemi qui laissait nombre de morts dans les vignes, et nous reprenions possession des blessés que nous n'avions pu évacuer et d'un nombreux matériel.

Les nouvelles de Belfort annoncent qu'une sortie du 20 au 21 a été désastreuse pour les assiégeants, beaucoup de leurs canons ont été encloués et les villages environnants sont remplis de leurs blessés.

POUR COPIE CONFORME :
Le Sous-Préfet de Toulon, H. JULIEN-SAUVE.

Toulon, 25 décembre, 1 h. du matin.

Toulon.— Typ. J. LAURENT, rue Royale, 49

Prix : CINQ centimes.

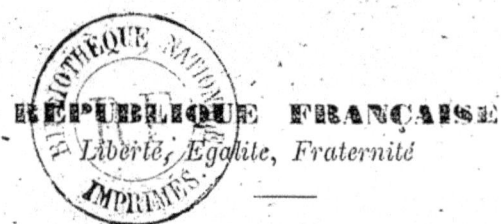

RÉPUBLIQUE FRANÇAISE
Liberté, Égalité, Fraternité

Dépêche Télégraphique

Bordeaux, 26 décembre, 9 heures soir.

Le Ministre de l'Intérieur à Messieurs les Préfets et Sous-Préfets.

Les Prussiens au nombre de 7,000 hommes ont attaqué le 24 une colonne de la garnison du Hâvre ; après 2 heures de combat ils ont perdu environ 200 hommes et un canon démonté.

De notre côté une trentaine d'homme hors de combat. L'ennemi a évacué Bourg-Théroulde et Elbeuf. Rien d'important du côté de la Loire.

Mézières est complètement investi depuis hier. Cette après-midi a eu lieu la remise des drapeaux à la garde nationale de Bordeaux, qui a défilé aux cris enthousiastes et mille fois répétés de Vive la République !

POUR COPIE CONFORME :
Le Sous-Préfet de Toulon, H. JULIEN-SAUVE.

Toulon, 27 décembre, 3 h. matin.

Toulon — Typ. J. LAURENT, rue Royale, 49.

Prix : CINQ centimes.

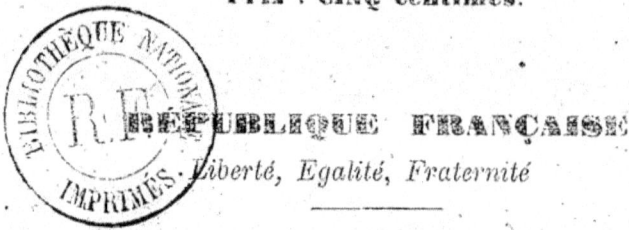

RÉPUBLIQUE FRANÇAISE
Liberté, Egalité, Fraternité

Dépêche Télégraphique

Bordeaux, 27 décembre, 9 h. 05 soir.

Le Ministre de l'Intérieur à Messieurs les Préfets et Sous-Préfets

Sur la rive gauche de la Loire une petite colonne ennemie a attaqué hier Argent à deux reprises et a été repoussé par les populations des communes environnantes.

Avant-hier, francs-tireurs Lipowski ont enlevé un courrier allant de Châteauneuf-en-Thimerais à Nogent-le-Roi et fait quelques prisonniers.

En Normandie, les Prussiens ont fait sauter le pont du chemin de fer sur la route Bolbec à Fécamp.

POUR COPIE CONFORME :
Le Sous-Préfet de Toulon, H. JULIEN-SAUVE.

Toulon, 28 décembre, 2 h. 30 matin.

Toulon. — Typ. J. LAURENT, rue Royale, 49

Prix : **CINQ centimes.**

RÉPUBLIQUE FRANÇAISE
Liberté, Egalité, Fraternité

Dépêche Télégraphique

Bordeaux, 28 décembre, 12 heures 45 soir.

Le Ministre de l'Intérieur à Messieurs les Préfets et Sous-Préfets

Les dépêches de cette nuit annoncent l'évacuation précipitée de Dijon par les Prussiens à l'approche de nos troupes.

Quelques cavaliers ennemis ont paru à Pontlevoy où ils ont fait quelques réquisitions et sont repartis.

De nouveaux renseignements sur le combat de Pont-Noyelles permettent d'affirmer de nouveau que cette journée a été un succès marqué pour l'armée du Nord.

Nos troupes ont fait quelques prisonniers et pris des blessés et n'ont laissé sur le terrain ni un homme ni un canon et elles ont ramassé le lendemain les fusils des blessés.

POUR COPIE CONFORME :
Le Sous-Préfet de Toulon, H. JULIEN-SAUVE.

Toulon, le 28 décembre, 4 h. soir.

---

128   Toulon — Imprimerie de J. LAURENT, rue Royale. 49.

Prix : CINQ centimes.

Dépêche Télégraphique

Bordeaux, 28 décembre, 2 heures 55 soir.

Le Ministre de l'Intérieur à Messieurs les Préfets et Sous-Préfets

Nouvelles de Paris par ballon Tourville, tombé à Eymoutiers avec toutes ses dépêches depuis le 21.

Le froid excessif a entravé les opérations et empêché les travaux de terrassement.

Des mesures prises pour sauvegarder la santé des troupes n'impliquent en aucune façon l'abandon des opérations commencées ; le gouvernement et le peuple de Paris sont plus que jamais décidés à continuer la défense au prix de tous les sacrifices jusqu'à la victoire définitive.

Le 26, la garde nationale mobilisée a délogé un bataillon saxon du parc de la Maison-Blanche.

Le ministre de l'intérieur et de la guerre est arrivé à Bordeaux.

POUR COPIE CONFORME :
Le Sous-Préfet de Toulon, H. JULIEN-SAUVE.

Toulon, le 28 décembre, 6 h. 30 soir.

PRIX : CINQ centimes.

RÉPUBLIQUE FRANÇAISE
Liberté, Égalité, Fraternité

Dépêche Télégraphique

Bordeaux, 29 décembre, 5 heures 30 soir.

Le Ministre de l'Intérieur à Messieurs les Préfets et Sous-Préfets.

L'ennemi après Dijon a évacué Gray continuant avec précipitation son mouvement de retraite sur Vesoul.

Le 27, une colonne mobile détachée de l'armée du général Chanzy, a eu un engagement assez vif avec l'ennemi vers Montoire ; l'ennemi poursuivi 5 kilomètres au-delà de cette ville s'est retiré sur Château-Renault, laissant une centaine de blessés, prisonniers, des caissons, des équipages, 2 officiers tués, plusieurs blessés.

Les francs-tireurs ont mis en déroute le même jour quelques éclaireurs ennemis entre Pontgouin et La Loupe.

POUR COPIE CONFORME :
Le Sous-Préfet de Toulon, H. JULIEN-SAUVE.

Toulon, le 29 décembre, 8 h. 30 soir.

Toulon. — Typ. J. LAURENT, rue Royale, 49.

Prix : CINQ centimes.

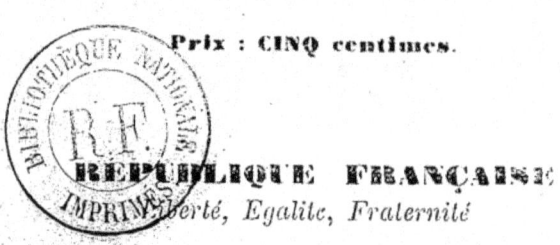

RÉPUBLIQUE FRANÇAISE
Liberté, Egalité, Fraternité

Dépêche Télégraphique

Bordeaux, 30 décembre, 12 h. 15 soir.

Le Ministre de l'Intérieur à Messieurs les Préfets et Sous-Préfets.

Nouvelles de Paris par ballon le *Bayard* tombé près La Roche-sur-Yon.

Le 28, Prussiens ont dirigé attaque furieuse contre forts Nogent, Brony vers le plateau d'Avron. Ils ont démasqué des batteries de siège et tenté le bombardement. Ils ont été repoussés avec pertes considérables. L'état moral de Paris est excellent.

L'ennemi vient d'évacuer Auxerre emmenant son préfet et ses malades mêmes mourants.

POUR COPIE CONFORME :
Le Sous-Préfet de Toulon, H. JULIEN-SAUVE.

Toulon, le 30 décembre, 5 h. 15 soir.

Toulon — Typ. J. LAURENT, rue Royale, 49

Prix : CINQ centimes.

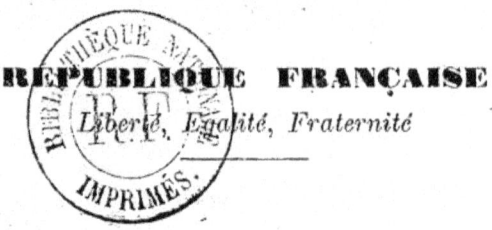

RÉPUBLIQUE FRANÇAISE
Liberté, Égalité, Fraternité

Dépêche Télégraphique

Bordeaux, 31 décembre, 3 h. 35 soir.

Le Ministre de l'Intérieur à Messieurs les Préfets et Sous-Préfets.

Un officier a adressé à la guerre, le télégramme suivant :
J'ai voyagé hier avec Ducoux, ancien préfet de police, ancien représentant du peuple, sorti hier de Paris en ballon, les attaques des Prussiens à Avron ont été glorieusement repoussées, carnage de Prussiens, sept à huit mille tués.
Le même soir les mobiles donnaient un concert au profit des pauvres. Paris est énergique, régénéré, antique ; si quelqu'un osait y parler de capitulation il serait fusillé sur place. Paris peut tenir largement jusqu'à fin février.
Du Nord, le général Faidherbes télégraphie qu'il a recommencé ses opérations et qu'il a parcouru le pays autour d'Arras sans rencontrer de troupes ennemies.

POUR COPIE CONFORME :
Le Sous-Préfet de Toulon, H. JULIEN-SAUVE.

Toulon, le 31 décembre, 8 h. soir.

Toulon. — Typ. J. LAURENT, rue Royale, 49.

Prix : CINQ centimes

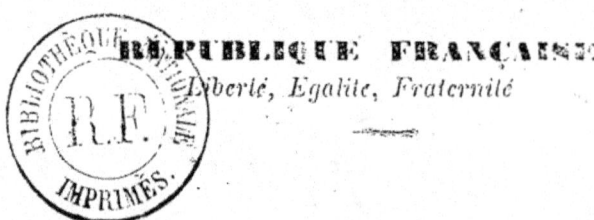

RÉPUBLIQUE FRANÇAISE
Liberté, Egalité, Fraternité

Dépêche Télégraphique

Bordeaux, 1er janvier 1871. 2 h. 55 soir.

Le Ministre de l'Intérieur à Messieurs les Préfets et Sous-Préfets.

Nouvelles de Paris par ballon *Armée de la Loire*.

Bombardement de Noisy, Rosny et Nogent par projectiles énormes, pertes nulles de notre côté ; le plateau d'Avron n'ayant pas {de casemates pour garnison a été évacué la nuit sous la direction du général Trochu pour ménager nos troupes.

Paris inébranlable accepte avec joie la lutte à outrance.

En Normandie, nos troupes ont repris les hauteurs de la Bouille Orival et du château de Robert-le-Diable. Cette dernière position reprise un instant hier par l'ennemi lui a été de nouveau enlevée.

POUR COPIE CONFORME :
Le Sous-Préfet de Toulon, H. JULIEN-SAUVE.

Toulon, 1er janvier 1871, 8 h. 20 soir.

Toulon — Typ J. LAURENT, rue Royale, 49

Prix : CINQ centimes.

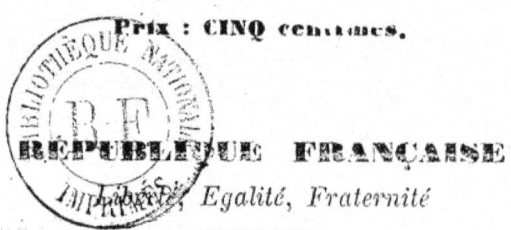
RÉPUBLIQUE FRANÇAISE
Liberté, Egalité, Fraternité

Dépêche Télégraphique

Bordeaux, 2 janvier, 5 heures 35 soir.

Le Ministre de l'Intérieur à Messieurs les Préfets et Sous-Préfets.

Hier une reconnaissance a rencontré entre Chateaurenault et Vendôme un peloton de hussards ennemis et deux compagnies d'infanterie. L'ennemi a subi des pertes terribles et a été poursuivi jusqu'à petite distance de Vendome.

La journée du 31 dans la Seine-Inférieure a coûté à l'ennemi plus de 300 tués ou blessés, criblés du château de Robert, par des francs-tireurs et des mobiles de l'Ardèche. De notre côté 25 tués et 60 à 80 blessés.

Dans l'Est, quelques engagements ont eu lieu près de Gray et sur la ligne de Beaune à l'Isle-sur-Doubs. Des deux côtés l'ennemi a été repoussé.

POUR COPIE CONFORME :
Le Sous-Préfet de Toulon, H. JULIEN-SAUVE.

Toulon, 2 janvier 1871, 10 h. 30 soir.

Toulon. — Typ. J. LAURENT, rue Royale, 49.

Prix : CINQ centimes.

Dépêche Télégraphique

Bordeaux, 3 janvier, 4 heures 10 soir.

Le Ministre de l'Intérieur à Messieurs les Préfets et Sous-Préfets.

Quelques engagements ont eu lieu dans la région de Loir, le 31 décembre ; une reconnaissance a poursuivi de la Bazoche-Gonët à Courtalin un détachement prussien qui a laissé 65 morts sur le terrain.

Le 1er, pendant que les avant-postes ennemis étaient repoussés à Longpré à Saint-Amand, les cavaliers algériens avaient un brillant engagement en avant de Lavardin, le 2, un parti ennemi a été surpris à Lancé, nous a laissé 15 prisonniers, un convoi de fourrages et bestiaux et eu 10 hommes hors combat et s'est enfui vers Vendôme. A Huisseau des tirailleurs, sans éprouver de pertes ont fait du mal à l'ennemi.

Des francs-tireurs lyonnais ont été attaqués hier à Chatreaux, route de Dijon à Baigneux ; ils ont mis l'ennemi en déroute et l'ont poursuivi à 10 kilomètres, lui tuant 80 à 100 hommes et 7 chevaux ; de notre côté 5 morts, 6 blessés, 2 prisonniers.

On signale de Lille le bruit de la capitulation de Mézières après bombardement.

POUR COPIE CONFORME :
Le Sous-Préfet de Toulon, H. JULIEN-SAUVE.

Toulon, 5 janvier 1871, 10 h. 50 soir.

Prix : CINQ centimes.

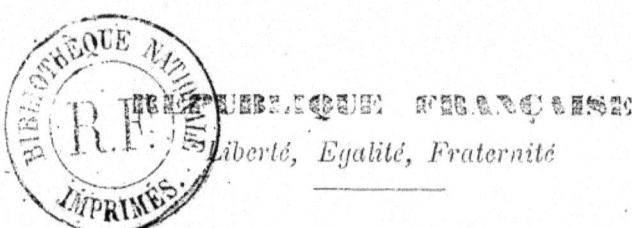

RÉPUBLIQUE FRANÇAISE
Liberté, Egalité, Fraternité

Dépêche Télégraphique

Bordeaux, 4 janvier, 11 h. 30 matin.

Le Ministre de l'Intérieur à Messieurs les Préfets et Sous-Préfets

Le général Faidherbe écrit d'Avesnes-les-Bapaume :
Aujourd'hui, 3 janvier, bataille sous Bapaume, de 8 h. du matin à 6 h. du soir. Nous avons chassé les Prussiens de toutes les positions et de tous les villages. Ils ont fait des pertes énormes et nous des pertes sérieuses.

Pour copie conforme :
Le Sous-Préfet de Toulon, H. JULIEN-SAUVE.

Toulon, le 4 janvier 1871, 4 h. 45 soir.

---

136 Toulon — Imprimerie de J. LAURENT, rue Royale, 49.

Prix : **CINQ** centimes.

RÉPUBLIQUE FRANÇAISE
Liberté, Egalité, Fraternité

Dépêche Télégraphique

Bordeaux, 5 janvier, 9 h. 30 soir.

Le Ministre de l'Intérieur à Messieurs les Préfets et Sous-Préfets.

Le gouvernement a reçu du général Faidherbe les détails qui donnent au succès de Bapaume une sérieuse importance :

Le 1er janvier l'armée du Nord a quitté les lignes de la Scarpe pour se cantonner devant Arras ; le 2 elle s'est mise en marche sur Bapaume, a enlevé Achiet-le-Grand et Bhuicourt ; une vigoureuse attaque de Behargues échoua dans la nuit ; le 3 au matin l'action a repris sur toute la ligne, nous avons enlevé successivement Sapignies, Favreuil, Biefviller, Avesnes-les-Bapaume, Grevilliers et Ligny-Tilloy. A 7 heures du soir les Prussiens étaient repoussés de tout le champ de bataille, couvert de leurs morts et nombreux blessés et prisonniers restés entre nos mains.

Hier les troupes qui opèrent dans la boucle de la Seine ont été débusquées de la forêt de la Londe par des forces ennemies très-supérieures, et malgré une vive résistance ont dû évacuer le château Robert et Bourgthéroulde.

On transmet de l'Orne une dépêche arrivée par ballon monté annonçant que le bombardement des forts de l'Est continue sans causer de pertes sérieuses d'hommes, ni dégats matériels.

L'esprit de Paris s'exalte loin de s'affaiblir.

POUR COPIE CONFORME :
Le Sous-Préfet de Toulon, H. JULIEN-SAUVE.

Toulon, 6 janvier 1871, 3 h. 45 matin.

Prix : CINQ centimes.

RÉPUBLIQUE FRANÇAISE
Liberté, Egalité, Fraternité

Dépêche Télégraphique

Bordeaux, 6 janvier, 6 h. 20 soir.

Le Ministre de l'Intérieur à Messieurs les Préfets et Sous-Préfets

Aucune nouvelle militaire importante.

Quelques attaques sans gravité dirigées par l'ennemi contre avant-postes du général Chanzy et vigoureusement repoussées.

A Bonny sur la Loire une trentaine éclaireurs ennemis, cernés et faits prisonniers sans combat par francs-tireurs.

Pour copie conforme :
Le Sous-Préfet de Toulon, H. JULIEN-SAUVE.

Toulon, le 6 janvier 1871, 11 h. soir.

Toulon. — Imprimerie de J. LAURENT, rue Royale. 49.

PRIX : CINQ CENTIMES.

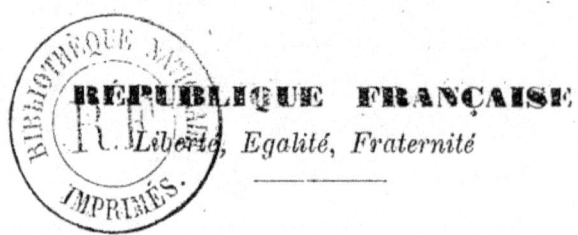

Liberté, Egalité, Fraternité

Dépêche Télégraphique

Bordeaux, 7 janvier, 3 heures 10 soir.

Le Ministre de l'Intérieur à Messieurs les Préfets et Sous-Préfets

Hier l'ennemi a attaqué nos positions à Villechauve, Villeporcher et St-Cyr-du-Gault et a d'abord forcé la ligne jusqu'à Neuville. Nos troupes ont pris l'offensive, réoccupé toutes leurs positions et sont entrées à la nuit dans St-Amand.

L'ennemi s'est retiré vers Vendôme, laissant de nombreux blessés et prisonniers, paraît avoir beaucoup souffert.

Sur la ligne du Mans l'ennemi a réoccupé la position de la Fourche et menace de nouveau Nogent-le-Rotrou.

Près du Hâvre une reconnaissance ennemie a paru à Guenneville, a lancé quelques obus sur le village et a été repoussée par des mobilisés de la Seine-Inférieure.

Les Prussiens ont levé le siège de Langres, ils sont revenus à Auxerre vers midi.

POUR COPIE CONFORME :
Le Sous-Préfet de Toulon, H. JULIEN-SAUVE.

Toulon, le 7 janvier 1871, 6 h. 15 soir.

Toulon. — Typ. J. LAURENT, rue Royale, 49.

Prix : CINQ centimes.

RÉPUBLIQUE FRANÇAISE
Liberté, Égalité, Fraternité

Dépêche Télégraphique

Bordeaux, 8 janvier, 3 heures 32 soir.

Le Ministre de l'Intérieur à Messieurs les Préfets et Sous-Préfets.

D'après rapports d'ensemble sur la journée du 6, général Jouffroy a dû abandonner quelques positions sur le Loir pendant que le général de Curten repoussait l'ennemi.

Hier de grandes forces ont attaqué nos avant-postes dans les environs de Vendôme, il y a eu vers Villeporcher une petite rencontre où nous avons fait des prisonniers, quelques mobiles de l'Isère ont manqué à l'appel. Des excursions de cavalerie ennemie sont signalées dans l'Eure.

POUR COPIE CONFORME :
Le Sous-Préfet de Toulon, H. JULIEN-SAUVE.

Toulon, 9 janvier 1871, 2 h. 40 matin.

---

140   Toulon. — Typ. J. LAURENT, rue Royale, 49.

Prix : CINQ centimes.

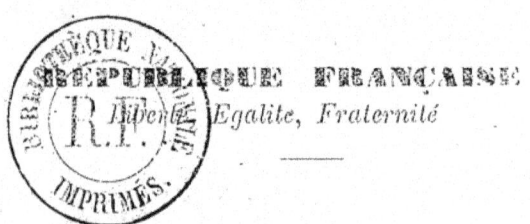

Liberté, Egalité, Fraternité

Dépêche Télégraphique

Bordeaux, 9 janvier, 4 heures 05 soir.

Le Ministre de l'Intérieur à Messieurs les Préfets et Sous-Préfets.

Hier quelques cavaliers ont paru à Mortagne ; nos avant-postes ont été attaqués sur la route de Bellême à Nogent. Vers deux heures l'ennemi après avoir fait un feu violent d'artillerie s'est retiré poursuivi près de deux heures par nos mobilisés, laissant 18 prisonniers.

Le 7, Garibaldiens attaqués près de Semur à Chevigny-Millery ont repoussé l'ennemi sur la route de Montbard avec quelques pertes.

POUR COPIE CONFORME :
Le Sous-Préfet de Toulon, H. JULIEN-SAUVE.

Toulon, 10 janvier 1871 ; 2 h. matin.

Toulon — Typ. J. LAURENT, rue Royale, 49.

PRIX : CINQ CENTIMES.

RÉPUBLIQUE FRANÇAISE
Liberté, Egalité, Fraternité

Dépêche Télégraphique

Bordeaux, 9 janvier, 11 heures 3 soir.

Le Ministre de l'Intérieur à Messieurs les Préfets et Sous-Préfets

Les troupes de Châteaurenault ont été hier très-violemment attaquées sur la ligne de Saint-Cyr-du-Gault à Authon. Toutes nos positions ont été conservées à l'exception du village d'Authon.

Un engagement paraît avoir eu lieu en même temps sur la ligne de Bretagne, près du Theil, les détails manquent sur ces deux combats.

Nous recevons de l'armée de l'Est, les nouvelles suivantes ; nous les donnons telles qu'elles nous parviennent à l'instant :

Rougemont, 9 janvier, 7 h. 40 soir.

La bataille finit à 7 heures, la nuit seule nous empêche d'estimer l'importance de notre victoire. Le général en chef couche au centre du champ de bataille et toutes les positions assignées pour ce soir par l'ordre général de marche d'hier sont occupées par nos troupes.

Villersexel, clef de la position a été enlevée aux cris de : vive la France ! Vive la République !

A demain les détails.

POUR COPIE CONFORME :
Le Sous-Préfet de Toulon, H. JULIEN-SAUVE.

Toulon, le 10 janvier 1871, 9 h. matin.

Toulon.— Typ. J. LAURENT, rue Royale, 49

Dépêche Télégraphique

Bordeaux, 11 janvier, 12 heures soir.
Le Ministre de l'Intérieur à MM. les Préfets et Sous-Préfets.

Le ballon le *Gambetta* parti hier soir de Paris et tombé dans la Nièvre près Chamecy, nous apporte les trois dépêches suivantes :

Au Gouvernement, Bordeaux.

Le rapport militaire du 9 au soir, dit : plusieurs engagements ont eu lieu hier vers Malmaison. Ce matin, l'ennemi a renouvelé pour la quatrième fois sa tentative contre maison Crochard et poste Carrières à la gauche de Rueil. Les mobiles de la Loire-Inférieure et de l'Aisne, ont repoussé l'ennemi en lui faisant éprouver des pertes sérieuses.

Les abords du Panthéon et le 5e secteur ont reçu cette nuit beaucoup d'obus dont plus de 50 du plus gros calibre. L'hospice de la Pitié a été atteint ; une femme y a été tuée, les malades d'une salle ont dû être évacués dans une cave. Le Val-de-Grâce a été également bombardé.

L'ennemi semble prendre pour objectifs les établissements hospitaliers de Paris montrant une fois de plus par ces procédés odieux son mépris de lois de la guerre et de l'humanité.

Pendant la nuit et vers le point du jour, les Prussiens ont tiré à toute volée sur la ville, le bombardement continue sur les forts du Sud.

Il s'est fait aujourd'hui avec moins de violence que les jours précédents. Des renseignements exacts évaluent à deux mille le nombre des obus tombés cette nuit dans l'intérieur de Paris ; quelques femmes et des enfants ont été tués ou blessés.

Les nouvelles apportées hier par un pigeon voyageur ont produit un effet immense ; la population est animée plus que jamais du sentiment et de la résolution d'une résistance opiniâtre.

Commissaire délégué à Steenakers, directeur général télégraphes et postes. — Paris, 10, 1 heure matin. Enfin la neige disparue, un de nos pigeons est arrivé le 8 janvier au soir, apportant les dépêches officielles de la deuxième série numéros 55, 56, 57 et 58, et les dépêches privées microscopiques de la page 1 à 65 de la deuxième série et de 1 bis à 14 bis. Nous sommes heureux des bonnes et nombreuses nouvelles apportées par votre message à l'heure qu'il est, nous les déchiffrons encore.

Les Prussiens sont pressés et bombardent Issy, Vanves et un peu Montrouge ; les obus tombent sur le Panthéon, l'Odéon, Saint-Sulpice et dans la rue Babylone. La population est admirable, aucun effroi.

Les nouvelles apportées par votre pigeon et connues le 9, par les journaux redoublent tous les courages. Vive la République !

La veille, chef cabinet administration télégraphique à Steenakers, directeur général. — Paris, 10 janvier.

Bombardement affaibli sauf pendant la nuit, obus nombreux sur le quartier Saint-Jacques. Population raffermie par heureuses nouvelles de la province et plus de trente mille dépêches privées arrivées par votre pigeon, supporte l'épreuve sans broncher. Le *Gambetta* vous porte des remerciements. Vive Paris ! Vive la France ! Vive la République !

POUR COPIE CONFORME :
Le Sous-Préfet de Toulon, H. JULIEN-SAUVE.

Prix : CINQ centimes.

Dépêche Télégraphique

Bordeaux, 11 janvier, 3 heures 10 soir
Le Ministre de l'Intérieur à MM. les Préfets et Sous-Préfets.

Les armées de Frédéric Charles et de Meklembourg ont redoublé d'efforts hier dans leur attaque contre l'armée du général Chanzy. Pressés de tous côtés, nos colonnes ont dû se retirer sur les positions définitives qui leur avaient été assignées à l'avance.

L'action a été des plus vives à Montfort, à Champagne, à Parrigue-Lévêque, à Jupilles, à Change. Sur ce dernier point la brigade Ribal après une vive résistance de plus de six heures a dû abandonner le village à l'ennemi ; nous avons fait des pertes sensibles, mais l'ennemi a plus souffert que nous de l'aveu des ennemis faits prisonniers sur plusieurs points.

Le général Bourbaki a télégraphié cette nuit.

La nuit dernière a été passée à expulser l'ennemi de celles des maisons de Villersexel dont il nous disputait encore la possession. Ce matin les derniers prussiens ont évacué cette ville ou se constituent prisonniers. Tous ceux qui m'ont été emmenés jusqu'à présent, sont de nationalité prussienne. A plus tard les détails circonstanciés sur l'enlèvement des positions que j'avais prescrit d'occuper.

Nous recevons à l'instant des nouvelles de Paris par ballon *Kleper* tombé ce matin à Laval, 11 heures.

Paris, mardi 1 heure soir.

Un rapport militaire dit : Reconnaissance faite sur avant-postes prussiens avoisinant Railway-Strasbourg. Nos troupes assaillies par fusillade chargèrent bayonnette l'ennemi qui s'enfuit ; maisons occupées par Prussiens continuant à tirer, refusant de se rendre, furent minées, sautèrent avant maisons, avons eu 7 blessés.

Autre reconnaissance faite simultanément sur Clamar pour détruire travaux ennemis à Moulin-de-Pierre ; opération complètement réussie ; nos troupes qui ont ramené quelques prisonniers ont eu 1 mort et 3 blessés.

Bombardement continue aujourd'hui, moins violent contre forts Vanvres et Montrouge, mais plus violent contre fort Issy ; mais 6e 7e, 8e et 9e secteurs, ont reçu quelques obus. Nos batteries ripostent vigoureusement.

Journal officiel dit :

Pendant nuit dimanche à lundi obus prussiens ont atteint plusieurs hôpitaux, ambulances, écoles, musées, église St-Sulpice, Sorbonne, Val-de-Grâce, nombreuses maisons particulières.

Renseignements particuliers : on entend ce soir violente canonnade, on annonce Prussiens recommencement envoyer obus à toute volée sur quartiers rive gauche.

POUR COPIE CONFORME :
Le Sous-Préfet de Toulon, H. JULIEN-SAUVE.

Toulon, 11 janvier, 9 h. 20 s.

Toulon. — Typ. J. LAURENT, rue Royale, 49.

PRIX : CINQ CENTIMES.

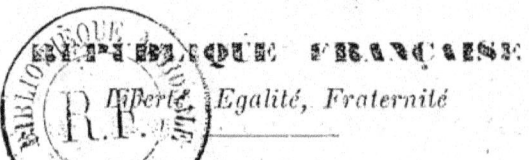

Égalité, Fraternité

Dépêche Télégraphique

Bordeaux, 12 janvier, 5 h. 30 soir.

Le Ministre de l'Intérieur à Messieurs les Préfets et Sous-Préfets

Hier, un nouveau combat a eu lieu presque sous les murs du Mans. Le général Jaurréguibéry s'est solidement maintenu sur la rive droite de l'Huisne.

Le général Colombe s'est battu 6 heures avec acharnement sur le plateau d'Anvours. Le général Gougeard a eu son cheval percé de six balles.

Nos positions au-dessous de Chanzé et sur la route de Parigné ont été conservées, toutes les positions ont été maintenues, excepté la Tuilerie enlevée à la nuit, par retour offensif de l'ennemi.

Nous avons fait des prisonniers. Ils évaluent l'ensemble des forces allemandes engagées ou en réserve à 180,000 hommes. Les pertes de part et d'autre, mal connues encore, sont sérieuses. De notre côté, deux colonels grièvement blessés.

POUR COPIE CONFORME :
Le Sous-Préfet de Toulon, H. JULIEN-SAUVE.

Toulon, 12 janvier 1871, 7 h. 45 soir.

Toulon — Typ. J. LAURENT, rue Royale, 49.

Prix : CINQ centimes.

RÉPUBLIQUE FRANÇAISE
Liberté, Égalité, Fraternité

Dépêche Télégraphique

Bordeaux, 12 janvier, 6 heures 15 soir

Le Ministre de l'Intérieur à Messieurs les Préfets et Sous-Préfets.

Nous vous communiquons deux dépêches du général Chanzy, parvenues dans la journée.

Le Mans, 12 janvier, 9 heures 40 matin.

Général Chanzy à Guerre. — Nos positions étaient bonnes hier soir sauf à la Tuilerie où des mobilisés de la Bretagne ont en se débandant entraîné l'abandon des positions occupées sur rive gauche de l'Huisne.

Le vice-amiral Jaurréguibéry et les autres généraux croient que la retraite est commandée par les circonstances. Je me résigne, mais le cœur me saigne.

Le Mans, 12 h. 5 soir.

Général Chanzy à Guerre, — Nous avons commencé notre mouvement de retraite que j'organise de manière à occuper avec mes divers corps la ligne de...... les y reconstituer et reprendre mes opérations.

POUR COPIE CONFORME :
Le Sous-Préfet de Toulon, H. JULIEN-SAUVE.

Toulon, 13 janvier, 12 h. matin

Toulon. — Typ. J. LAURENT, rue Royale, 49.

Prix : CINQ centimes.

RÉPUBLIQUE FRANÇAISE
Liberté, Égalité, Fraternité

Dépêche Télégraphique

Bordeaux, 13 janvier 1871, 5 h. 55 soir.

Le Ministre de l'Intérieur à Messieurs les Préfets et Sous-Préfets.

Aucun événement militaire important.
L'évacuation de Vesoul par l'ennemi est confirmée.
Le 11, une reconnaissance a enlevé les grands gardes ennemis à Behagnies et Rapignies, tuant ou blessant une trentaine d'hommes, ramenant 57 prisonniers et 10 chevaux.
Une autre est entrée sans pertes à Bapeaume, quelques Prussiens ont été pris ou tués.

POUR COPIE CONFORME :
Le Sous-Préfet de Toulon, H. JULIEN-SAUVE.

Toulon, 13 janvier, 10 h. 15 soir.

Toulon. — Typ. J. LAURENT, rue Royale, 49.

Prix : CINQ centimes.

RÉPUBLIQUE FRANÇAISE
Liberté, Egalité, Fraternité

Dépêche Télégraphique

Bordeaux, 14 janvier 1871, 12 h. 50 soir.

Le Ministre de l'Intérieur à Messieurs les Préfets et Sous-Préfets.

Le général Bourbaki télégraphie d'Arans le 13 janvier à 5 heures du soir ; les villages d'Arcey et de Sainte-Marie viennent d'être enlevés avec beaucoup d'entrain et sans que nos pertes aient été trop considérables eu égard aux résultats obtenus.

Je gagne donc encore du terrain. Je suis très-content de mes généraux et de mes troupes.

Les derniers renseignements arrivés de la deuxième armée apprennent que le général Chanzy a pu rallier sur un point assez rapproché du Mans, la partie de ses troupes parmi lesquelles s'était produit un certain désordre dans la nuit du 11 au 12.

La retraite s'effectue dans un ordre aussi satisfaisant que possible.

POUR COPIE CONFORME :
Le Sous-Préfet de Toulon, H. JULIEN-SAUVE.

Toulon, 14 janvier, 2 h. soir.

Toulon. — Typ. J. LAURENT, rue Royale, 49.

Prix : CINQ centimes.

Dépêche Télégraphique

Bordeaux, 16 janvier, 4 heures 30 soir.

Le Ministre de l'Intérieur à Messieurs les Préfets et Sous-Préfets.

Hier l'armée du général Bourbaki s'est battue toute la journée elle a occupé Montbeliard sans le château, Vyans, Tavey, Byans, Coisevaux, Couthenans et Chagny.

Une partie de l'armée du général Chanzy a été de nouveau attaquée hier ée la manière la plus pressante, le 16e corps a soutenu une lutte acharnée, l'amiral Jaurréguiberry a eu son cheval tué sous lui et son chef d'état-major tué à ses côtés. Les autres troupes ont opposé moins de résistance.

Malgré le mauvais temps et le trouble apporté par ces attaques, la retraite ordonnée continue sans abandon de matériel.

Nos troupes ont repris Gien avant-hier.

POUR COPIE CONFORME :
Le Sous-Préfet de Toulon, H. JULIEN-SAUVE.

Toulon, le 16 janvier 1871, 9 h. soir.

Toulon — Imprimerie de J. LAURENT, rue Royale. 49.

Prix : CINQ centimes

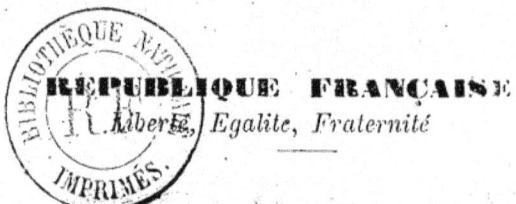

RÉPUBLIQUE FRANÇAISE
Liberté, Egalité, Fraternité

Dépêche Télégraphique

Bordeaux, 17 janvier, 3 heures 45 soir.

Le Ministre de l'Intérieur à Messieurs les Préfets et Sous-Préfets

La retraite de l'armée de Chanzy s'est continuée hier dans d'assez bonnes conditions malgré le très mauvais temps. L'ennemi n'a été pressant sur aucun point. Nos reconnaissances ont même fait des prisonniers.

L'ennemi est entré hier à Lançon où il avait eu la veille un engagement avec les francs-tireurs et les mobilisés.

L'armée du général Bourbaki s'est de nouveau battue toute la journée d'hier. Elle a pris la position de Cherebier et sur tous les autres points elle a conservé ses positions. Elle a occupé un instant quelques maisons d'Héricourt, elle n'a pas pu les conserver.

L'armée du Nord a avancé le 14 de Bapeaume à Albert, où elle est entrée sans coup férir ; le premier corps prussien s'était replié devant elle. Chaque jour elle fait quelques prisonniers.

Le ballon *Vaucanson*, tombé le 15 dans le Nord, confirme le peu d'effet matériel et moral du bombardement de Paris.

POUR COPIE CONFORME :
Le Sous-Préfet de Toulon, H. JULIEN-SAUVE.

Toulon, 17 janvier, 8 h. soir.

Prix : CINQ centimes.

RÉPUBLIQUE FRANÇAISE
Liberté, Égalité, Fraternité

Dépêche Télégraphique

Bordeaux, 18 janvier, 5 heures soir.

Le Ministre de l'Intérieur à Messieurs les Préfets et Sous-Préfets.

L'armée du général Bourbaki a de nouveau exécuté hier une attaque générale. L'ennemi s'est tenu sur une défensive constante et a subi des pertes sérieuses. Mais grâce aux renforts qu'il a reçu de tous côtés et à la valeur de la position qu'il occupait, il a pu résister à tous nos efforts et sa ligne n'a pas été entamée.

La ville d'Avallon bombardée lundi a eu une vingtaine de maisons plus ou moins gravement atteintes et a été abandonnée depuis par l'ennemi.

Pour copie conforme :
Le Sous-Préfet de Toulon, H. JULIEN-SAUVE.

Toulon, le 18 janvier 1871, 8 h. soir.

151   Toulon — Imprimerie de J. LAURENT, rue Royale, 49.

Prix : CINQ centimes

RÉPUBLIQUE FRANÇAISE
Liberté, Egalité, Fraternité

Dépêche Télégraphique

Bordeaux, 19 janvier, 4 heures soir.

Le Ministre de l'Intérieur à Messieurs les Préfets et Sous-Préfets

Le 17 une brigade de l'armée du Nord a délogé quelques bataillons prussiens du bois de Buiré près Templeux. Le même jour un corps prussien a abandonné Vermand à l'approche de nos troupes. Le 18 dès le matin nos troupes ont été attaquées par une partie du corps du général Goëtrin.

Une de nos divisions a combattu toute la journée dans une position en avant de Vermand où elle s'est maintenue.

Il y a eu hier des escarmouches près de Gien et près de Tours ; l'ennemi s'est montré à Montlouis près de la Hutte.

Les francs-tireurs Lipowski ont eu un petit engagement et ont tenu longtemps contre des troupes cinq ou six fois plus nombreuses.

POUR COPIE CONFORME :
Le Sous-Préfet de Toulon, H. JULIEN-SAUVE.

Toulon, 19 janvier, 8 h. soir.

Toulon. — Typ. J. LAURENT, rue Royale. 49.

PRIX : CINQ CENTIMES.

RÉPUBLIQUE FRANÇAISE
Liberté, Égalité, Fraternité

Dépêche Télégraphique

Bordeaux, 20 janvier, 5 heures 15 soir.

Le Ministre de l'Intérieur à Messieurs les Préfets et Sous-Préfets

Hier la première armée a livré autour de Saint-Quentin, une bataille acharnée à l'armée du Nord. Nos troupes ont admirablement tenu et ont maintenu leurs lignes jusqu'à la nuit ; mais le général en chef à cause de la fatigue des hommes et pour éviter à la ville un bombardement inutile, a dirigé dans la nuit ses troupes sur des positions en arrière de Saint-Quentin.

Nous avons fait des pertes sérieuses, mais celles de l'ennemi sont plus considérables.

Les dépêches des généraux Chanzy et Bourbaki ne signalent aucun incident notable.

Le ballon *la Poste* parti de Paris le 18 est tombé en Hollande. Rien de nouveau à Paris, le bombardement continue ; quelques dégâts matériels, mais très-peu de morts, moral excellent.

POUR COPIE CONFORME :
Le Sous-Préfet de Toulon, H. JULIEN-SAUVE.

Toulon, 20 janvier 1871, 8 h. soir.

Prix : CINQ CENTIMES

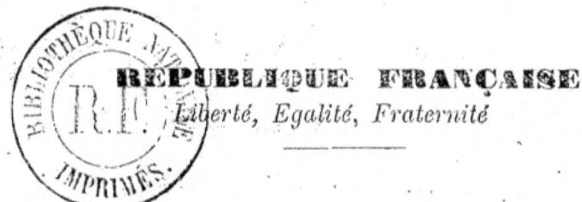

RÉPUBLIQUE FRANÇAISE
Liberté, Egalité, Fraternité

Dépêche Télégraphique

Bordeaux, 22 janvier, 6 heures 55 soir.

Le Ministre de l'Intérieur à Messieurs les Préfets et Sous-Préfets.

De nombreuses troupes ennemies avec artillerie et cavalerie ont tenté hier de prendre Dijon. Les Garibaldiens ont repoussé cette attaque après 12 heures de combat. La bataille s'est étendue de Val-Suzon à Fontaine-les-Dijon et Talant. Nos troupes ont maintenu leurs positions et en ont repris quelques-unes.

Nous avons essuyé des pertes sensibles mais très inférieures à celles de l'ennemi. La bataille a recommencé aujourd'hui. Hier l'ennemi a attaqué à midi Bernay, a été repoussé par la garde nationale.

Pour copie conforme :
Le Sous-Préfet de Toulon, H. JULIEN-SAUVE.

Toulon, le 22 janvier 1871; 9 h. soir.

Toulon — Imprimerie de J. LAURENT, rue Royale. 49.

Prix : CINQ centimes.

RÉPUBLIQUE FRANÇAISE
Liberté, Egalité, Fraternité

Dépêche Télégraphique

Bordeaux, 23 janvier, 5 heures 55 soir.

Le Ministre de l'Intérieur à Messieurs les Préfets et Sous-Préfets

Le combat a continué hier sous Dijon ; le combat a été moins rude que la veille mais décisif. Les fortes positions de Daix, Plombières-les-Dijon et Hauteille, ont été reprises à l'ennemi qui, vers 4 heures, s'est mis en déroute dans tous les sens. Garibaldi a été accueilli par acclamations enthousiastes d'une foule immense portée à sa rencontre. Le général Garibaldi, Bosak Hauké, légèrement blessés.

On a par ballon monté nouvelles de Paris jusqu'à jeudi soir. le bombardement s'était ralenti. Les victimes étaient 86 morts, 215 blessés. Le 19 Le Flo nommé gouverneur de Paris en l'absence de Trochu, se mettait à la tête des troupes ; à 10 heures matin Vinoy occupait Montretout, Bellemare, Buzenval. Ducrot soutenait vif combat vers la Jonchère, vers 5 heures l'ennemi ayant fait converger masse énorme d'artillerie soutenue par réserves, a fait plier notre gauche. Le général en chef s'y est porté et vers le soir un retour offensif a pu se prononcer, mais dans la nuit le feu ennemi continuant avec violence extrême nos troupes ont dû se retirer des hauteurs gravies dans la matinée. Le meilleur esprit n'a cessé d'animer garde nationale et troupe qui ont fait preuve de courage et énergie dans cette lutte longue et acharnée.

POUR COPIE CONFORME :
Le Sous-Préfet de Toulon, H. JULIEN-SAUVE.

Toulon, 23 janvier, 8 h. 45 soir.

Toulon. — Typ. J. LAURENT, rue Royale, 49.

Prix : **CINQ centimes.**

RÉPUBLIQUE FRANÇAISE
Liberté, Egalité, Fraternité

Dépêche Télégraphique

Bordeaux, 24 janvier, 4 heures 30 soir.

Le Ministre de l'Intérieur à Messieurs les Préfets et Sous-Préfets.

Hier Dijon a été de nouveau très-vivement attaqué par ennemi.

Après une feinte du côté ouest sur Varrois et Sainte-Apollonie. Il a massé le gros de ses forces au nord, sur la route de Langres, et s'est emparé un instant de la ferme de Pouilly, d'où on l'a délogé en faisant brèche dans le mur et sous une fusillade effrayante.

La brigade Riccioti s'est hautement distinguée, a presque anéanti le 61e d'infanterie prussien et lui a pris son drapeau. L'ennemi a pris la fuite sur Messigny, Morgues et Savigny-le-Sec. Tous les corps engagés ont fait leur devoir, une grande partie des mobilisés de la Haute-Savoie sont arrivés à temps pour prendre part au combat.

Dans l'Ouest aucun incident notable. L'ennemi paraît se replier ; le département de la Mayenne est libre. Alençon est évacué.

Dans l'est la ligne de Lyon, Besançon, a été coupée par des coureurs ennemis à Byans, près Quingey.

Pas de nouvelles de Paris.

POUR COPIE CONFORME :
Le Sous-Préfet de Toulon, H. JULIEN-SAUVE.

Toulon, 25 janvier 1871, 2 h. soir.

Toulon.— Typ. J. LAURENT, rue Royale, 49

Prix : CINQ centimes.

RÉPUBLIQUE FRANÇAISE
Liberté, Egalité, Fraternité

Dépêche Télégraphique

Bordeaux, 25 janvier, 5 heures soir.

Le Ministre de l'Intérieur à Messieurs les Préfets et Sous-Préfets

Le 23 les habitants de Gesvres (Mayenne) se sont défendus héroïquement contre des forces ennemies supérieures et leur ont tué du monde. Hier quelques affaires peu importantes du coté de La Flèche. Dans l'Est on mentionne une rencontre près de Monchard, sans détail.

POUR COPIE CONFORME :
Le Sous-Préfet de Toulon, H. JULIEN-SAUVE.

Toulon, 25 janvier, 8 h. soir.

Toulon. — Typ. J. LAURENT, rue Royale, 49.

Prix : CINQ centimes.

RÉPUBLIQUE FRANÇAISE
Liberté, Egalité, Fraternité

Dépêche Télégraphique

Bordeaux, 27 janvier, 6 heures 30 soir.

Le Ministre de l'Intérieur à Messieurs les Préfets et Sous-Préfets.

Nouvelles de Paris par ballon *Toricelli* tombé dans le Nord. L'*Officiel* du 21 termine rapport sur bataille du 19 en disant : que si n'a pas produit résultat que Paris pouvait attendre, elle est un des événements les plus considérables du siège, un de ceux qui témoignent le plus hautement de la virilité des défenseurs de la capitale.

Le gouvernement a décidé que le commandement en chef de l'armée serait séparé de la présidence du gouvernement.

Le général Vinoy est nommé commandant en chef de l'armée de Paris. Le titre et les fonctions de gouverneur sont supprimées. Le général Trochu conserve la présidence du gouvernement. Le général Vinoy, dans un ordre du jour, a fait appel au concours de tous les bons citoyens de la garde nationale et de l'armée.

Dans la nuit du 21 au 22, quelques agitateurs ont forcé la prison de Mazas, ont délivré plusieurs prisonniers parmi lesquels Flourens.

Dans l'après-midi du 22, 180 gardes nationaux appartenant pour la plupart au 101e bataillon de marche, ont attaqué l'Hôtel-de-Ville et ont été dispersés par les mobiles et gardes républicaines. Il y a eu 5 morts, 18 blessés, 4 émeutiers ont été faits prisonniers. A 4 heures le calme était complètement rétabli.

Le 23 toute agitation avait disparue. Depuis le 20, St-Denis était bombardé. La délégation du gouvernement informée par ses agents à l'étranger que le *Times*, publie sur la foi de ses correspondants, que des négociations auraient été entamées entre Paris et Versailles au sujet d'une prétendue reddition éventuelle de la capitale.

La délégation du gouvernement n'accorde aucun crédit à ces allégations des correspondants du *Times*, car il est impossible d'admettre que des négociations aient été entamées sans que la délégation en ait été avertie au préalable. Les ballons jusqu'à présent n'ont fait prévoir rien de semblable.

Un ballon est signalé aujourd'hui près de Rochefort sans qu'on sache encore s'il a atterré. Aussitôt que de nouvelles dépêches seront parvenues au gouvernement il s'empressera de les faire connaître.

POUR COPIE CONFORME :
Le Sous-Préfet de Toulon, H. JULIEN-SAUVE.

Toulon, 27 janvier 1871, 11 h. soir.

Toulon.— Typ. J. LAURENT, rue Royale, 49

Prix : CINQ centimes.

RÉPUBLIQUE FRANÇAISE
Liberté, Égalité, Fraternité

Dépêche Télégraphique

Bordeaux, 28 janvier, 4 heures 11 soir.

Le Ministre de l'Intérieur à Messieurs les Préfets et Sous-Préfets

Le ballon qui avait passé hier sur Chatelleraull, a touché terre et a continué sa route en vue de Niort et de Rochefort et a disparu.

On a lieu de craindre qu'il soit allé se perdre dans l'Océan. Rien d'important des opérations militaires.

POUR COPIE CONFORME :
Le Sous-Préfet de Toulon, H. JULIEN-SAUVE.

Toulon, 28 janvier, 6 h. 30 soir.

Toulon. — Typ. J. LAURENT, rue Royale, 49.

Prix : CINQ centimes.

RÉPUBLIQUE FRANÇAISE
Liberté, Égalité, Fraternité

Dépêche Télégraphique

Bordeaux, 29 janvier, 12 heures 30 soir.

Le Ministre de l'Intérieur à Messieurs les Préfets et Sous-Préfets.

La délégation du gouvernement établie à Bordeaux qui n'avait jusqu'ici sur les négociations entamées à Versailles que des renseignements fournis par la presse étrangère a reçu cette nuit le télégramme suivant, qu'elle porte à la connaissance du pays dans sa teneur intégrale :

DÉPÊCHE TÉLÉGRAPHIQUE

Versailles, 28 janvier 1871, 11 h. 15 soir.

Monsieur Jules Favre, ministre des affaires étrangères à la délégation de Bordeaux. — Recommandé.

Nous signons aujourd'hui un traité avec M le comte de Bismark ; un armistice de 21 jours est convenu. Une assemblée est convoquée à Bordeaux pour le 15 février. Faites connaître cette nouvelle à toute la France.

Faites exécuter l'armistice et convoquez les électeurs pour le 8 février. Un membre du Gouvernement va partir pour Bordeaux.

Signé : Jules FAVRE.

Un décret qui sera ultérieurement publié fera connaître les mesures prises pour assurer l'exécution des dispositions ci-dessus.

Pour copie conforme :
Le Sous-Préfet de Toulon, H. JULIEN-SAUVE.

Toulon, le 29 janvier 1871, 5 h. 30 soir.

Toulon — Imprimerie de J. LAURENT, rue Royale. 49.

Prix : CINQ centimes.

RÉPUBLIQUE FRANÇAISE
Liberté, Égalité, Fraternité

Dépêche Télégraphique

Bordeaux, 31 janvier, 12 heures 30 soir.

Le Ministre de l'Intérieur à Messieurs les Préfets et Sous-Préfets.

Depuis la dépêche qui vous a été envoyée dans l'après-midi et par laquelle on demandait à Versailles des renseignements propres et précis sur la nature, l'étendue et la portée des arrangements conclus, aucune dépêche officielle n'a été reçue.

On ne sait rien de plus que ce matin ; toutefois les avis de l'étranger portent qu'à Versailles on n'a rien engagé sur le fond même de la paix, l'occupation des forts de Paris par les prussiens semble indiquer que la capitulation a été rendue en tant que place forte, l'armée et la garde mobile devront déposer leurs armes, la garde sédentaire conserver les siennes.

La convention qui est intervenue porte exclusivement sur l'armistice qui semble avoir surtout pour objet la formation et la convocation d'une assemblée. La politique soutenue et pratiquée par le ministre de l'intérieur et de la guerre est toujours la même : guerre à outrance, résistance jusqu'à complet épuisement.

Employez donc toute votre énergie à maintenir le moral des populations, le temps de l'armistice va être mis à profit pour renforcer nos trois armées en hommes, en munitions, en vivres. Les troupes seront astreintes à une discipline sévère à laquelle il faudra donner tous vos soins de concert avec les chefs militaires ; elles devront être exercées tous les jours pendant de longues heures pour s'aguerrir. Les conseils de révision devront continuer, et tout le travail d'organisation, d'équipement, bien loin d'être interrompu devra continuer avec une extrême vigilance ; il faut à tout prix que l'armistice nous profite et nous pouvons faire qu'il en soit ainsi enfin il n'est pas jusqu'aux élections qui ne puissent et doivent être mises à profit. Ce qu'il faut à la France, c'est une assemblée qui veuille la guerre et soit décidée à tout pour la faire.

Le membre du Gouvernement qui est attendu arrivera sans doute demain matin, le Ministre s'est fixé un délai qui expire demain à trois heures. Vous recevrez demain une proclamation aux citoyens avec l'ensemble des décrets et des mesures qui, dans sa pensée, doivent parer aux nécessités de la situation actuelle. Donc patience, fermeté, courage, union et discipline.

POUR COPIE CONFORME :
Le Sous-Préfet de Toulon, H. JULIEN-SAUVE.

Toulon, 31 janvier 1871, 5 h. 30 soir.

Prix : CINQ centimes.

RÉPUBLIQUE FRANÇAISE
Liberté, Égalité, Fraternité

Dépêche Télégraphique

Bordeaux, 31 janvier, 8 heures soir.

Le Ministre de l'Intérieur à Messieurs les Préfets et Sous-Préfets.

Nous vous envoyons le texte des décrets relatifs aux élections ; nous n'avons pas voulu en retarder l'expédition ; ils paraîtront demain au *Moniteur*, cette circonstance explique pourquoi vous n'avez pas encore reçu la proclamation qui doit les accompagner, dès à présent vous devez les exécuter sans attendre que vous les lisiez au *Moniteur*, en conséquence faites afficher immédiatement ces décrets dans toutes les communes.

PREMIER DÉCRET. — Les membres du gouvernement de la défense siégeant à Bordeaux,

DÉCRÈTENT :

Art. 1er. — Les assemblées électorales sont convoquées pour nommer les représentants du peuple à l'Assemblée ;

Art. 2. — Elles se réuniront le mercredi 8 février prochain pour procéder aux élections dans les formes de la loi ;

Art. 3. Un décret rendu aujourd'hui règle les dispositions légales, il va être immédiatement publié.

Art. 4. Les préfets, sous-préfets et maires sont chargés de l'exécution du présent décret qui sera affiché et exécuté aux termes de l'article 4 de l'ordonnance du 28 novembre 1816 et de l'ordonnance du 18 janvier 1817.

Fait à Bordeaux le 31 janvier 1871.

Signé : A. Crémieux, Léon Gambetta, Glais-Bizoin, Fourrichon.

DEUXIÈME DÉCRET. — Les membres du Gouvernement de la défense délégués pour représenter le Gouvernement et en exercer les pouvoirs, considérant qu'il est juste que tous les complices du régime qui a commencé par l'attentat du 2 Décembre pour finir par la capitulation de Sédan en léguant à la France la ruine et l'invasion, soient frappés momentanément de la même déchéance politique que la dynastie à jamais maudite dont ils ont été les coupables instruments ; considérant que c'est là une sanction nécessaire de la responsabilité qu'ils ont entique que la dynastie à jamais maudite dont ils ont été les coupables instruments; considérant que c'est là une sanction nécessaire de la responsabilité qu'ils ont encourue en assistant avec connaissance de cause l'ex-empereur dans l'accomplissement des divers actes de son gouvernement qui ont mis la Patrie en danger.

Décrètent :

Art. 1er. Ne pourront être élus représentant du peuple à l'Assemblée nationale, les individus qui depuis le 2 décembre 1851 jusqu'au 4 septembre 1870, ont accepté les fonctions de ministres, sénateurs, conseillers d'état et préfets.

Art. 2. Sont également exclus de l'éligibilité à l'assemblée les individus qui, aux élections législatives qui ont eu lieu depuis le 2 décembre 1851, jusqu'au 4 septembre 1870, ont accepté la candidature officielle et dont les noms figurent dans la liste des candidatures recommandées par les préfets aux suffrages des électeurs et ont été publiés au *Moniteur officiel* avec les mentions : candidat du gouvernement, candidat de l'administration, ou candidat officiel.

Art. 3. Sont nuls de nullité absolue les bulletins de vote portant les noms des individus compris dans les catégories ci-dessus désignées. Ces bulletins ne seront pas compris dans la supputation des voix.

Fait à Bordeaux, le 31 janvier 1871.

Signé : A. Crémieux, Léon Gambetta, Glais-Bizoin, L. Fourrichon.

POUR COPIE CONFORME :
Le Sous-Préfet de Toulon, H. JULIEN-SAUVE.

Prix : CINQ centimes.

DÉPÊCHE TÉLÉGRAPHIQUE

Bordeaux, 1er février 1871.

Le Ministre de l'Intérieur à MM. les Préfets et Sous-Préfets.

DEUXIÈME PARTIE DES DÉCRETS

5ᵉ DÉCRET. — La délégation du gouvernement de la défense nationale, vu le décret à la date de ce jour qui convoque pour le 8 février les citoyens qui doivent procéder à l'élection de l'assemblée nationale, voulant autant qu'il est possible dans des circonstances aussi urgentes, pourvoir aux moyens d'assurer la vérité, la liberté et le secret du vote universel.

DÉCRÈTE :

Art. 1ᵉʳ. Le Maire de chaque commune dressera immédiatement une liste générale des habitants de la commune âgés de 21 ans au moins, citoyens français.
Cette liste sera publiée et affichée samedi 4 ou dimanche 5 février au matin.

Article 2. — Tous ceux qui seraient omis pourront dans la journée de Dimanche et de Lundi jusqu'à dix heures du soir porter leur réclamation devant le maire qui réunira sous sa présidence une commission de quatre membres, pris parmi les électeurs, cette commission statuera sur toutes les demandes sans appel ni recours.

Article 3. — La liste additionnelle sera affichée le mardi soir et les citoyens qui auront été inscrits prendront part au vote.

Article 4. — Participeront à l'élection, tous les citoyens français âgés de 21 ans, inscrits sur les listes électorales et additionnelles, sauf les exceptions portées à l'article 5 de la loi du 15, 18 mars 1849.

Art. 5. — Tous les électeurs voteront au chef-lieu de leur canton par scrutin de liste, néanmoins le Préfet peut, à cause des circonstances locales, diviser le canton en deux ou trois circonscriptions, dans ce cas le vote pour chacune de ces sections aura lieu dans la commune qu'il aura spécialement désignée.

Art. 6. — Il n'y aura qu'un seul jour de vote.

Art. 7. — Le scrutin sera ouvert le mercredi, 8 février, depuis sept heures du matin jusqu'à sept heures du soir. Il sera procédé selon les prescriptions de la loi des 15, 18 mars 1849, avec cette seule dérogation que le Préfet pourra désigner pour chaque section où l'élection aura lieu, le président du bureau électoral.

Art. 8. — Le scrutin sera secret.

Art. 9. — Le dépouillement du scrutin aura lieu le soir même du mercredi. Il sera commencé à sept heures et demie, les tables de dépouillement seront composées de six membres au moins.

Art. 10. — Les éligibles qui auront obtenu le plus grand nombre de suffrages légaux quel que soit le nombre des électeurs inscrits ou des votants seront proclamés représentants élus à l'assemblée nationale.

Art. 11. — Le nombre total des représentants du peuple à l'assemblée nationale sera de sept cent cinquante-neuf non compris les colonies françaises.

Art. 12. — Les représentants à nommer sur la base de la population seront répartis entre les départements selon le tableau joint au présent décret et qui en fait partie intégrante.

Art. 13. — Si dans le tableau quelque erreur s'était glissée qui privât un ou plusieurs départements d'un nombre quelconque de représentants, l'Assemblée nationale fixerait le nombre et le Gouvernement le ferait compléter immédiatement par l'élection. L'erreur en plus ne serait réparable qu'à l'élection d'une nouvelle Assemblée.

Art. 14. — Sont éligibles tous les citoyens Français qui ont droit à être inscrits sur la liste électorale pourvu qu'ils aient atteint l'âge de vingt-cinq ans.

Art. 15. Sont exclus de l'éligibilité les membres des familles qui ont régné sur la France depuis 1789.

Sont nuls, de nullité absolue, les bulletins de vote portant les noms de personnes désignées dans le présent article. Ces bulletins ne seront pas comptés dans la supputation des voix.

Art. 16. Ne peuvent être élus représentants du peuple les individus compris dans l'une des premières catégories de l'article 79 de la loi des 15, 18 mars 1849 et dans les dispositions de l'article 81 de la même loi.

Art. 17. Les incompatibilités portées dans les articles 82 et suivants de cette loi sont abolies et ces articles jusques y compris l'article 89 sont abrogés.

Art. 18. — L'article 62 de la même loi est applicable aux armées en campagne sous les drapeaux dans les armées ou dans les camps. Les soldats, les mobiles, les mobilisés, les marins ont le droit de voter et l'exercent dans les termes de cet article.

Art. 19. — Les citoyens qui sont hors de leur département et qui veulent prendre part à l'élection ont le droit de voter dans le canton où ils se trouvent s'ils sont accompagnés au bureau de deux électeurs qui constatent leur indigénat et éligibles de leur département et dans ce cas le bulletin sera envoyé au Préfet de ce département par le Président de la section.

Art. 20. — Le nombre des députés dans les colonies est fixé comme il suit :
Martinique : 2. — Guadeloupe : 2. — Guyanne 1. — Sénégal : 1. — Réunion : 2. — TOTAL : 8.

Dans ces colonies l'élection aura lieu le troisième dimanche qui suivra la réception dans chaque colonie du *Moniteur Universel* publiant le décret de convocation.

DISPOSITIONS TRANSITOIRES.

Art. 21. — La Réunion ayant nommé ses deux députés sous l'empire du décret du 1er octobre et sans avoir connaissance du décret qui l'a révoqué la validité de l'élection et l'admission des deux députés seront soumises à la chambre.

Article 22. — La loi électorale des 15, 18 mars 1849, est d'ailleurs applicable dans toutes celles de ses autres dispositions qui ne sont pas contraires au présent décret.
Toute disposition législative concernant les élections et postérieure à cette loi est et demeure abrogée.

Fait à Bordeaux, le 31 janvier 1871.

Signé : Ad. Crémieux, Léon Gambetta, Glais-Bizoin, L. Fourrichon.

Extrait du tableaux des représentants à élire par chaque département.

Var. . . . . 6 députés

Pour copie conforme :
Le Sous-Préfet de Toulon, H. JULIEN-SAUVE.

Prix : CINQ centimes.

DÉPÊCHE TÉLÉGRAPHIQUE

Bordeaux, 1er février 1871.

Le Ministre de l'Intérieur à MM. les Préfets et Sous-Préfets.

PROCLAMATION

CITOYENS,

L'étranger vient d'infliger à la France la plus cruelle injure qu'il lui ait été donnée d'essuyer dans cette guerre maudite, châtiment démesuré des erreurs et des faiblesses d'un grand peuple. Paris inexpugnable à la force, vaincu par la famine, n'a pu tenir en respect plus longtemps les hordes allemandes.

Le 28 janvier il a succombé. La cité reste encore intacte comme un dernier hommage arraché par sa puissance et sa grandeur morale à la barbarie. Les forts seuls ont été rendus à l'ennemi ; toutefois Paris en tombant nous laisse le prix de ses sacrifices héroïques. Pendant cinq mois de privations et de souffrances, il a donné à la France le temps de se reconnaître, de faire appel à ses enfants, de trouver des armes et de former des armées jeunes encore mais vaillantes et résolues auxquelles il n'a manqué jusqu'à présent que la solidité qu'on n'acquiert qu'à la longue.

Grâce à Paris si nous sommes des patriotes résolus, nous tenons en mains tout ce qu'il faut pour le venger et nous affranchir. Mais comme si la mauvaise fortune tenait à nous accabler, quelque chose de plus sinistre et de plus douloureux que la chûte de Paris nous attendait. On a signé à notre insu, sans nous avertir, sans nous consulter, un armistice dont nous n'avons connu que tardivement la coupable légèreté qui livre, à nos troupes Prussiennes, des départements occupés par nos soldats et qui nous impose l'obligation de rester trois semaines au repos, pour réunir dans les tristes circonstances où se trouve le pays, une assemblée nationale.

Nous avons demandé des explications à Paris et gardé le silence, attendant pour vous parler, l'arrivée promise d'un membre du Gouvernement auquel nous étions déterminés à remettre nos pouvoirs.

Délégation du gouvernement nous avons voulu obéir pour donner un gage de modération et de bonne foi pour remplir ce devoir qui commande de ne quitter le poste qu'après en avoir été relevés. Enfin pour prouver à tous nos amis et dissidents par l'exemple que la démocratie n'est pas seulement le plus grand des partis mais le plus scrupuleux des gouvernements, cependant personne ne vient de Paris et il faut agir, il faut coûte que coûte déjouer les perfides combinaisons des ennemis de la France.

La Prusse compte sur l'armistice pour amollir, énerver, dissoudre nos armées. La Prusse espère qu'une assemblée réunie à la suite des revers successifs et sous l'effroyable chûte de Paris, sera nécessairement tremblante et prompte à subir une paix honteuse. Il dépend de nous que ses calculs avortent, et que les instruments même qui ont été préparés pour tuer l'esprit de résistance, le raniment et l'exaltent.

De l'armistice faisons une école d'instruction pour nos jeunes troupes employons ces trois semaines à préparer, à pousser avec plus d'ardeur que jamais l'organisation de la défense et de la guerre. A la place de la chambre réactionnaire et lâche que rêve l'étranger, installons une assemblée vraiment Nationale Républicaine, voulant la paix, si la paix assure l'honneur, le rang, l'intégrité de notre pays, mais capable de vouloir aussi la guerre et prête à tout plutôt que d'aider à l'assassinat de la France.

Français, songeons à nos pères qui nous ont légué une France compacte et indivisible, ne trahissons pas notre histoire, n'aliénons pas notre domaine traditionnel aux mains des barbares. Qui donc signerait?

Ce n'est pas vous légitimistes qui vous battez si vaillamment sous le drapeau de la République pour défendre le sol du vieux royaume de France, ni vous fils des bourgeois de 1789 dont l'œuvre maîtresse a été de sceller les vieilles traditions dans un pacte d'indissoluble union. Ce n'est pas vous travailleurs des villes dont l'intelligent et généreux patriotisme s'est toujours représenté la France dans sa force et dans son unité comme libératrice des peuples aux libertés modernes, ni vous enfin ouvriers propriétaires des campagnes qui n'avez jamais marchandé votre sang pour la défense de la révolution à laquelle vous devez la propriété du sol et votre dignité de citoyen. Non, il ne se trouvera pas un Français pour signer ce pacte infâme.

L'étranger sera déçu, il faudra qu'il renonce à mutiler la France, car tous animés du même amour pour la Mère-Patrie, impassibles dans les revers, nous reviendrons forts et nous chasserons l'étranger. Pour atteindre ce but sacré il faut y dévouer nos cœurs, nos volontés, notre vie, et, sacrifices plus difficiles peut-être, laisser là nos préférences. Il faut nous resserrer tous autour de la République, faire preuve surtout de sang-froid et de fermeté d'âme.

N'ayons ni passions, ni faiblesse ; jurons simplement comme des hommes libres, de défendre envers et contre tous, la France et la République.

Aux armes ! aux armes !

Vive la France, vive la République, une et indivisible.

Léon GAMBETTA.

Pour copie conforme :
Le Sous-Préfet de Toulon, H. JULIEN-SAUVE.

Prix : CINQ centimes.

Dépêche Télégraphique

Bordeaux, 4 février 12 heures 59 soir.

Le Ministre de l'Intérieur à Messieurs les Préfets et Sous-Préfets.

Bordeaux, 3 février, 10 heures 20 soir. — Citoyens, je reçois le télégramme suivant : Versailles, 6 heures 40 soir, M. Léon Gambetta à Bordeaux.

Au nom de la liberté des élections stipulées par la convention de l'armistice, je proteste contre les dispositions émanées en votre nom (sic), pour priver du droit d'être élus à l'assemblée des catégories nombreuses de citoyens français.

Des élections faites sous un régime d'oppression arbitraire ne pourront pas conférer les droits que la convention d'armistice reconnaît aux députés librement élus. Signé : BISMARK.

Citoyens, nous le disions il y a quelques jours que la Prusse comptait pour satisfaire son ambition sur une assemblée où grâce à la brièveté des délais et aux difficultés matérielles de toutes sortes, auraient pû entrer les complices et les complaisants de la dynastie déchue, les alliés de M. Bismark.

Le décret d'exclusion rendu le 31 janvier déjoue ces espérances, l'insolente prétention qu'affiche le ministre prussien d'intervenir dans la constitution d'une Assemblée française, est la justification la plus éclatante des mesures prises par le Gouvernement de la République.

L'enseignement ne sera pas perdu pour ceux qui ont le sentiment de l'honneur national.

Le ministre de l'intérieur et de la guerre, Léon GAMBETTA.

Quelques journaux parlent d'un décret électoral qui aurait été signé à Paris ; nous ne connaissons pas ce document. Les décrets électoraux signés à Bordeaux le 31 janvier et notamment celui sur l'inégibilité des anciens fonctionnaires de l'empire et les anciens candidats officiels, ont été faits par la province. Ce sont les seuls que vous devez reconnaître et faire exécuter.

Je n'ai pas besoin d'ajouter que surtout après la dépêche de M. de Bismark il ne pourra venir à la pensée d'un seul français de ne pas respecter le décret sur l'inégibilité. C'est un devoir auquel nul fonctionnaire de la république ne voudra se soustraire.

Léon GAMBETTA.

POUR COPIE CONFORME :
Le Sous-Préfet de Toulon, H. JULIEN-SAUVE.

Toulon, 4 février, 3 heures 20 soir.

Prix : CINQ centimes.

Dépêche Télégraphique

Bordeaux, 4 février, 5 heures soir.

Le Ministre de l'Intérieur à Messieurs les Préfets et Sous-Préfets

M. Jules Simon, membre du gouvernement de Paris, a porté à Bordeaux l'annonce d'un décret rendu par le gouvernement de Paris concernant les élections, décret en désaccord sur un point avec le décret rendu par le gouvernement siégeant à Bordeaux.

Le gouvernement de Paris est investi depuis quatre mois, coupé de toute communication avec l'esprit public ; de plus, il est à l'état de prisonnier de guerre. Rien ne dit que, mieux informé, il ne fut pas tombé d'accord avec le gouvernement de Bordeaux ; rien ne dit non plus qu'en dehors de la mission de faire procéder aux élections, donnée aux termes généraux à M. Jules Simon, il est entendu régler d'une façon absolue le cas particulier des incompatibilités dans ces circontances.

Le gouvernement de Bordeaux croit devoir maintenir son décret et le maintient malgré l'ingérance de M. de Bismark dans les affaires intérieures du pays, il le maintient au nom de l'honneur et des intérêts de la France.

Un membre du gouvernement part aujourd'hui même pour porter à la connaissance du gouvernement de Paris le véritable état de choses.

Fait à Bordeaux, le 4 février 1871.

Signé : A. Crémieux, L. Gambetta, Glais-Bizoin, L. Fourrichon.

POUR COPIE CONFORME :
Le Sous-Préfet de Toulon, H. JULIEN-SAUVE.

Toulon, le 5 février, 4 heures 50 matin.

Toulon. — Typ. J. LAURENT, rue Royale, 49.

Prix : CINQ CENTIMES

Dépêche Télégraphique

Bordeaux, 6 février, 3 heures 30 soir.

Le Ministre de l'Intérieur à Messieurs les Préfets et Sous-Préfets

J'ai reçu de la main de M. Emmanuel Arago, Garnier-Pagès et Eugène Pelletan, membre du gouvernement de la défense Nationale qui arrivent à l'instant de Paris, et je m'empresse de vous faire connaître le décret suivant avec ordre de le faire publier et afficher dans toutes les communes de la France.

Le gouvernement de la défense Nationale, vu un décret en date du 31 janvier, émané de la délégation du gouvernement à Bordeaux, par lequel sont frappés d'inéligibilité diverses catégories éligibles ; aux termes du décret du gouvernement du 29 janvier 1871, considérant que les restrictions imposées aux choix des électeurs par le susdit décret sont incompatible avec le principe de la liberté du suffrage universel, décrété.

Le décret sus-visé sera rendu par la délégation de Bordeaux est annulé, les décrets des 29 janvier 1871, sont maintenus dans leur intégrité.

Fait à Paris, le 4 Février 1871.

Garnier-Pagès, Jules Favre, général Trochu, Ernest Picard, Jules Ferry, Emmanuel Arago, Eugène Pelletan.

Fait à Bordeaux, le 6 Février 1871.

Le membre du Gouvernement, Jules Simon ; Le secrétaire du Gouvernement, André Lavertujon.

Bordeaux, 6 février, 4 heures soir.

Malgré les objections graves et la résistance légitimes que soulevait l'exécution de la convention de Versailles, je m'étais résigné pour donner comme je le disais, un gage incontestable de modération de bonne foi, et pour ne pas quitter le poste sans en avoir été relevé, à faire procéder aux élections.

Vous connaissez M. le préfet, par les divers documents qui vous ont été transmis, qu'ils doivent être le caractère et la nature de ces élections, je persiste à croire qu'il en peut sortir malgré les difficultés matérielles de toutes sortes dont nous accable l'ennemi, une assemblée fière et résolue. Le droit qui selon moi satisfait à la fois à un besoin de justice à l'égard des coopérateurs responsables du régime impérial et à un sentiment de prudence vis-à-vis des intrigues étrangères, a existé une injurieuse protestation de M. Bismark.

Depuis lors à la date du 4 février 1871 les membres du gouvernement de Paris ont, par une mesure législative, rapporté notre décret; ils ont de plus envoyé à Bordeaux, MM. Garnier-Pagès, Eugène Pelletan, Emmanuel Arago, co-signataires du décret d'abrogation avec mandat de le faire appliquer.

Le gouvernement de Paris avait passé directement des dépêches à plusieurs préfets des différents départements, pour l'exécution du décret du 4 février. Il y a là tout à la fois un désaveu et une révocation du ministre de l'intérieur et de la guerre.

Les divergeances d'opinion sur le fond des choses au point de vue extérieur et intérieur se manifeste ainsi d'une manière à ne pas laisser de doutes à ma conscience me fait un devoir de résigner mes fonctions de membre d'un gouvernement avec lequel je ne suis en communion ni d'idées, ni d'espérances.

J'ai l'honneur de vous informer que j'ai remis ma démission aujourd'hui même. En vous remerciant du concours patriotique et dévoué que j'ai toujours trouvé en vous pour mener à bonne fin l'œuvre que j'avais entreprise, je vous prie de me laisser vous dire que mon opinion profondément réfléchie est qu'à raison de la brièveté des délais et des graves intérêts qui sont en jeu, vous rendrez un suprême service à la République, en laissant procéder aux élections du 8 février et vous réservant après de délai telle détermination qui vous conviendrait.

Je vous prie d'agréer l'expression de mes sentiments fraternels.

Léon GAMBETTA.

POUR COPIE CONFORME
Le Sous-Préfet de Toulon, H. JULIEN-SAUVE.

Toulon, 6 février, 8 heures soir.

170   TOULON — TYP. J. LAURENT, rue Royale, 49

Prix : CINQ centimes.

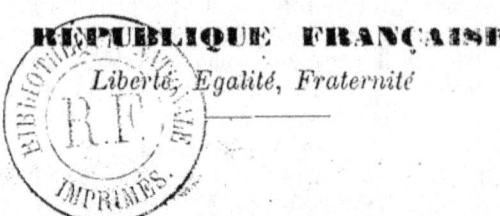

RÉPUBLIQUE FRANÇAISE

Liberté, Égalité, Fraternité

Dépêche Télégraphique

Draguignan, 27 février, 10 h. matin.

Voici la circulaire de l'intérieur :

M. Jules Favre me communique la dépêche ci-après que je vous adresse à titre de renseignement.

Versailles, 26 février.

Nous sommes d'accord sur les préliminaires de la paix. Télégraphiez de suite à tous les chefs de corps et commandants supérieurs des divisions, pour qu'ils aient à s'abstenir de toutes reprises d'hostilités. Ordre semblable est expédié sur toute la ligne par l'autorité allemande.

Signé : Jules SIMON.

Nous recevons à l'instant la dépêche ci-dessus.

Toulon, 27 février 1871, 11 heures 20, matin.

POUR COPIE CONFORME :
Le Sous-Préfet de Toulon, H. JULIEN-SAUVE.

Par suite d'une erreur typographique, le numéro d'ordre de la précédente dépêche datée : Bordeaux, 6 février, 3 h. 30 soir et de Toulon, 6 février, 8 h. soir, n'est pas exact, c'est 167 qu'il faut lire au lieu de 170.

Toulon.— Typ. J. LAURENT, rue Royale. 49

Prix : CINQ centimes.

RÉPUBLIQUE FRANÇAISE
Liberté, Egalité, Fraternité

Dépêche Télégraphique

Draguignan, 2 h. 20 matin.

Je vous communique la dépêche suivante que je reçois du Ministre de l'Intérieur :

L'assemblée nationale a ratifié préliminaires de paix, il y avait 653 votants. Le vote s'est ainsi réparti : pour 546, contre 107.

Au début de la séance un député ayant essayé de défendre les auteurs de la guerre, une grande émotion s'est emparée de l'Assemblée.

L'incident a été clos par un ordre du jour déclarant que la déchéance de l'Empire a été consacrée par le suffrage universel, tous les députés ont approuvé cet ordre du jour par leurs acclamations, cinq seulement se sont levés à la contre-épreuve, le reste de la séance a été solennel et calme.

Des discours importants ont été de part et d'autre sans recrimination ni violence. La douleur était générale et la même pour ceux qui se résignaient et ceux qui votaient.

La France subit une grande douleur, elle doit sans perdre un instant s'efforcer de panser ses plaies.

Elle y parviendra par l'ordre, la bonne administration, la concorde entre tous les citoyens, c'est surtout quand la Patrie est malheureuse que nous sentons combien elle nous est chère.

Jules Simon.

POUR COPIE CONFORME :
Le Sous-Préfet de Toulon, H. JULIEN-SAUVE.

Toulon, 2 mars, 9 heures 45 matin.

Le Sous-Préfet a télégraphié pour connaître officiellement les conditions de la paix.

Toulon. — Typ. J. LAURENT, rue Royale, 49

Prix : CINQ centimes.

Dépêche Télégraphique

Verailles, 19 mars, 5 heures.

Le Président du Conseil au gouvernement, Chef du pouvoir exécutif, aux préfets, sous-préfets, généraux commandant les divisions militaires, préfets maritimes, premiers présidents de Cours d'appel, receveurs généraux archevêques et évêques.

    Le gouvernement tout entier est réuni à Versailles, l'Assemblée s'y réunit également, l'armée au nombre de 40,000 hommes s'y est concentrée en bon ordre sous le commandement du général Vinoy, toutes les autorités, tous les chefs de l'armée y sont arrivés.

    Les autorités civiles et militaires des départements n'xécuteront d'aut es ordres que ceux du Gouvernement légal résidant à Versailles, sous peine d'être considérés en état de forfaiture.

    Les membres de l'Assemblée nationale sont invités à accélérer leur retour pour être présents à la séance du 20 mars.

A. THIERS.

POUR COPIE CONFORME :
Le Sous-Préfet de Toulon, H. JULIEN-SAUVE.

Toulon. — Imprimerie de J. LAURENT, rue Royale. 49.

Prix : CINQ centimes.

Dépêche Télégraphique

Versailles, 19 mars, 8 heures matin.

Le Président du gouvernement, Chef du pouvoir exécutif, aux généraux de divisions territoriales, aux procureurs généraux, trésoriers-payeurs généraux et toutes les autorités civiles et militaires.

    Les nouvelles de toute la France sont parfaitement rassurantes. Les hommes de désordre ne triomphent nullement et à Paris les bons citoyens se rallient et s'organisent pour comprimer la sédition.
    A Versailles l'Assemblée, le gouvernement, ralliés, entourés d'une armée de 45,000 hommes nullement ébranlés, sont en mesure de dominer les événements et les dominent aujourd'hui.
    Hier l'Assemblée a tenu sa première séance et s'est montrée calme, unie et résolue ; elle a formé une commission qui s'est entendue avec le chef du pouvoir exécutif et qui est convenue avec lui de toutes les mesures à prendre dans les circonstances actuelles ; elle va publier une proclamation.
    Lille, Lyon, Marseille, Bordeaux sont tranquilles. Vous pouvez donner aux populations ces nouvelles qui sont rigoureusement exactes, car le gouvernement qui vous les adresse est un gouvernement de vérité. Qu'il reste bien entendu que tout agent de l'autorité qui pactiserait avec le désordre sera poursuivi selon les lois comme coupable de forfaiture.

                                                       A. THIERS.

POUR COPIE CONFORME :

Le Sous-Préfet de Toulon, H. JULIEN-SAUVE.

Toulon, 21 mars 1871, 8 heures soir.

Prix : CINQ centimes.

Dépêche Télégraphique

Versailles, 21 mars, 2 heures 30 soir.

Le Président du gouvernement, Chef du pouvoir exécutif, aux généraux de divisions territoriales, aux procureurs généraux, trésoriers-payeurs généraux et toutes les autorités civiles et militaires.

L'Assemblée nationale vient d'adopter unanimement la proclamation suivante, qui sera affichée dans toutes les communes de France :

L'Assemblée nationale au peuple et à l'armée.

Citoyens et Soldats,

Le plus grand des attentats qui se puisse commettre chez un peuple qui veut être libre, une révolte nouvelle contre la souveraineté nationale, ajoute en ce moment comme un nouveau désastre à tous les maux de la patrie.

Des criminels des insensés au lendemain de nos revers quand l'étranger s'éloignait à peine de nos champs ravagés n'ont pas craint de porter dans Paris qu'ils prétendent honorer et défendre plus que le désordre et la ruine, le déshonneur. Ils l'ont tachée d'un sang qui soulève contre eux la conscience humaine en même temps qu'il leur interdit de prononcer ce noble mot de République qui n'a de sens qu'avec l'inviolable respect du droit et de la liberté.

Déjà nous le savons, la France entière repousse avec indignation cette entreprise odieuse. Ne craignez pas de nous ces faiblesses morales qui aggravent le mal en pactisant avec les coupables.

Nous vous conservons intact le dépôt que vous nous avez commis pour sauver, organiser et constituer le pays, ce grand et tutélaire principe de la souveraineté nationale ; nous le tenons de nos libres suffrages les plus libres qui furent jamais, nous sommes vos représentants et vos seuls mandataires. C'est par nous, c'est en notre nom que la moindre parcelle de notre sol doit être gouvernée, à plus forte raison cette cité héroïque, le cœur de notre France qui n'est pas faite pour se laisser longtemps surprendre par une minorité factieuse.

Citoyens et soldats,

Il s'agit du premier de vos droits, c'est à nous de le maintenir pour faire appel à vos courages pour réclamer de vous une énergique assistance, vos représentants sont unanimes ; tous à l'envi, sans dissidence, nous vous adjurons de vous serrer étroitement autour de cette Assemblée, votre œuvre, votre image, votre espoir, votre unique salut.

Pour copie : Le président du conseil, chef du pouvoir exécutif de la république française.

A. THIERS.

POUR COPIE CONFORME :
Le Sous-Préfet de Toulon, H. JULIEN-SAUVE.

Toulon, 22 mars 1871, 6 heures matin.

—
d J. LAURENT, rue Royale. 49.

Dépêche Télégraphique

Versailles, 22 mars, 7 heures 40 matin.

Le Président du gouvernement, Chef du pouvoir exécutif, aux généraux de divisions territoriales, aux procureurs généraux, trésoriers-payeurs généraux et toutes les autorités civiles et militaires.

L'ordre se maintient partout et tend même à se rétablir à Paris où les honnêtes gens ont fait hier une manifestation des plus significatives.

A Versailles la tranquillité est complète. L'Assemblée, dans la séance d'hier, a voté à l'unanimité une proclamation digne et ferme et s'est associée au gouvernement dans l'attitude prise à l'égard de la ville de Paris.

Une discussion fort animée a contribué à resserrer l'union entre l'assemblée et le pouvoir exécutif. L'armée réorganisée est campée autour de Versailles, montre les plus fermes dispositions et de toutes parts, on offre au gouvernement de la République des bataillons de mobiles pour la soutenir contre l'anarchie, si elle pouvait en avoir besoin. Les bons citoyens peuvent donc se rassurer et prendre confiance.

A Boulogne, M. Rouher découvert avec une caisse de papiers scellés, courut les plus grands dangers et aurait été en péril sans l'énergie du sous-préfet de Boulogne et du préfet d'Arras.

Il est provisoirement détenu à Arras, au grand regret du gouvernement qui ne songe pas le moins du monde à se livrer à aucun acte de rigueur.

Les frères Chevreau et M. Boitelle qui l'accompagnaient sont retournés en Angleterre. Tous les chefs de l'armée qui rentrent viennent offrir leur épée au gouvernement

Le maréchal Canrobert se joignant à tous les autres, a fait auprès du Conseil une démarche des plus dignes et qui a reçu l'accueil qu'elle méritait. L'adhésion est donc unanime et tous les bons français se réunissent pour sauver le pays qu'ils réussiront certainement à sauver.   A. THIERS.

Draguignan, 22 mars 5 h. 15 soir.

Préfet Var à Préfet maritime et Sous-Préfet Toulon.

Je reçois du ministre de l'intérieur la dépêche suivante : « *L'officiel de Versailles* est le seul légalement publié depuis le 20 mars, faites saisir *l'Officiel de Paris* et toutes publications insurrectionnelles, 20 mars et jours suivants.

« A Paris, grande manifestation aux cris de : Vive l'Assemblée nationale, A bas les Comités ! Le concours des départements est unanime, le gouvernement de Paris n'a eu aucun écho.

« Les journaux de Paris de toutes nuances ont fait une déclaration collective qui les honore. Ils réprouvent l'insurrection, désavouent le comité et déclarent non avenue la convocation faite pour élire la Commune.   Ernest PICARD. »

Pour copie conforme :
Le Sous-Préfet de Toulon, H. JULIEN-SAUVE.

Toulon, 22 mars 1871, 5 heures 45 soir.

Prix : CINQ CENTIMES

Dépêche Télégraphique

Versailles, 23 mars, 12 heures 45, soir.

Le Président du gouvernement, Chef du pouvoir exécutif, aux généraux de divisions territoriales, aux procureurs généraux, trésoriers-payeurs généraux et toutes les autorités civiles et militaires.

La situation se maintient telle que nous l'avons décrite les jours précédents, toutes les parties de la France sont unies et ralliées autour de l'assemblée nationale et du gouvernement,

Hier l'Assemblée a tenu un comité secret qui a duré une partie de la nuit et pendant lequel on a discuté en projet un envoi de gardes nationales chargées de concourir à la défense de la représentation nationale. Le principe de cet envoi a été posé, les départements doivent s'y préparer.

A Paris le parti de l'ordre a été une collision avec les insurgés, il faisait une manifestation sans armes dans le sens de l'ordre. Un feu ouvert sur cette foule a fait de trop nombreuses victimes et soulevé l'indignation générale ; le parti de l'ordre a couru aux armes et occupé les principaux quartiers de la capitale.

Les insurgés sont contenus à Lyon, les anarchistes ont proclamé la Commune et fait des manifestations demeurées sans réponse. Dans le reste de la France, l'armée se renforce à chaque instant.

Le 35e resté dans le jardin du Luxembourg a fait noblement son devoir en traversant tout Paris sans avoir consenti à rendre ses armes. Il vient de défiler devant le chef du gouvernement au milieu des acclamations générales et les officiers et soldats se sont honorés par cette conduite si méritoire, ont été récompensés.

A. THIERS.

POUR COPIE CONFORME :
Le Sous-Préfet de Toulon, H. JULIEN-SAUVE.

Toulon, 24 mars 1871, 5 heures matin.

Prix : CINQ centimes.

Dépêche Télégraphique

Versailles, le 24 mars, 11 heures 30 matin.

Le Président du gouvernement, Chef du pouvoir exécutif, aux généraux de divisions territoriales, aux procureurs généraux, trésoriers-payeurs généraux et toutes les autorités civiles et militaires.

    La situation n'est pas sensiblement changée mais le changement est dans le sens du bien. Le parti de l'ordre s'est organisé dans Paris et occupe les principaux quartiers de la ville notamment la partie ouest et se trouve en communication continuelle avec Versailles. L'armée se renforce et se consolide, les bataillons constitutionnels destinés à la garde de l'Assemblée s'organisent et les populations ainsi que les autorités ne sauraient trop s'occuper de cet objet.
    Hier la présence des maires de Paris a produit une émotion vive dans l'Assemblée. Dans la séance du soir une explication de l'un des maires de Paris, M. Arnaud, de l'Ariège, a fait disparaître les impressions pénibles de la journée.
    L'Assemblée reste unie avec elle-même et surtout avec le pouvoir exécutif. L'ordre un moment troublé à Lyon tend à se rétablir par l'intervention de la garde nationale attachée à l'ordre. La France justement émue peut se rassurer, l'armée allemande devenue menaçante lorsqu'on pouvait craindre le triomphe du désordre a changé d'attitude tout à coup et est redevenue pacifique depuis qu'elle a vu le gouvernement raffermi elle a fait parvenir au chef du pouvoir exécutif les explications les plus satisfaisantes.

THIERS.

Pour copie conforme :
Le Sous-Préfet de Toulon, H. JULIEN-SAUVE.

Toulon, 24 mars 1871, nuit.

Toulon — Imprimerie de J. LAURENT, rue Royale. 49.

Prix : CINQ centimes.

Dépêche Télégraphique

Draguignan, 25 mars, 10 heures 50 matin.

Le Préfet à Sous-Préfet.

Je reçois à l'instant de Lyon la dépêche ci-après que je vous prie de faire imprimer et afficher immédiatement dans toutes les communes de votre arrondissement :

« Lyon, 25 mars, 6 h. matin.

« L'Hôtel-de-Ville est évacué par les chefs de la sédition. La fraction même de garde nationale qu'ils avaient entraînée et venue sous mes ordres. »

« Edmond VALENTIN. »

POUR COPIE CONFORME :
Le Sous-Préfet de Toulon, H. JULIEN-SAUVE.

Toulon, 25 mars 1871, 1 heure 50 soir.

Prix : CINQ centimes.

RÉPUBLIQUE FRANÇAISE
Liberté, Egalité, Fraternité

Dépêche Télégraphique

Versailles, 25 mars, 10 h. du soir.

Le Chef du Pouvoir exécutif à Préfets, Sous-Préfets, Procureurs généraux, Généraux et à toutes les autorités civiles et militaires.

L'ordre se maintient dans la presque totalité de la France, il se rétablit à Lyon, il a été troublé à Marseille, mais pas d'une manière inquiétante.

A Paris le parti de l'ordre contient celui du désordre et lui tient tête ; il y a un certain retour de calme dû à l'intervention des maires.

A Versailles l'armée largement pourvue de tout ce qui est nécessaire, s'augmente considérablement. Une nombreuse cavalerie est arrivée hier. Tous les chefs rentrés de l'armée continuent d'accourir pour offrir leur épée. L'Assemblée siége tous les jours et reste unie au gouvernement.

Nous ne pouvons que conseiller le calme aux populations ; avec le calme et la résolution l'ordre sera sauvé. La République n'est mise en péril que par les anarchistes.

THIERS.

Pour copie conforme :
Le Sous-Préfet de Toulon, H. JULIEN-SAUVE.

Toulon, 25 mars 1871, 10 heures soir.

Toulon — Imprimerie de J. LAURENT, rue Royale, 49.

Prix : CINQ CENTIMES

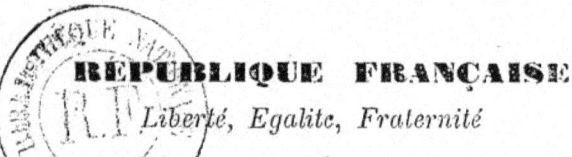

RÉPUBLIQUE FRANÇAISE
Liberté, Egalité, Fraternité

Dépêche Télégraphique

Versailles, 25 mars 4 h 15 soir.

Guerre à Préfets, Sous-Préfets et Généraux,

L'Assemblée nationale décide qu'il sera organisé par département un bataillon de volontaires pouvant être mobilisé sur ordre du gouvernement. Ce bataillon, composé d'hommes de bonne volonté, anciens militaires ou gardes nationaux, sans limite d'âge, aura 6 ou 8 compagnies de 120 à 150 hommes ; les officiers seront nommés par le ministre de la guerre sur la présentation concertée des généraux et des préfets. Ils recevront la solde des officiers d'infanterie, les gardes nationaux 1 fr. 50 par jour. Occupez-vous immédiatement de préparer organisation. Vous allez recevoir instructions,

Draguignan, 26 mars 1871, 8 heures du matin.

Le Préfet à Sous-Préfet.

Prenez immédiatement mesures pour préparer organisation d'un bataillon de volontaires départemental, conformément aux prescriptions de dépêche du 25, 4 heures 15 soir du ministre de la guerre. Avertissez les populations, faites ouvrir aux mairies des listes d'inscription d'après lesquelles on pourra statuer ultérieurement, après instructions du gouvernement reçues et préfet en possession de renseignements voulus. Comme dans l'armée nul ne peut faire partie de ce corps s'il a subi condamnation infamante.

POUR COPIE CONFORME :
Le Sous-Préfet de Toulon, H. JULIEN-SAUVE.

Toulon, 26 mars 1871, 10 heures matin.

Toulon. — Typ. J. LAURENT, rue Royale, 49.

Prix : CINQ centimes.

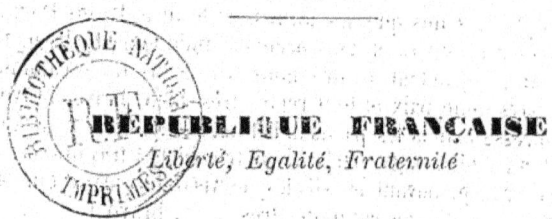

RÉPUBLIQUE FRANÇAISE
Liberté, Egalité, Fraternité

Dépêche Télégraphique

Versailles, 28 mars 3 h. 10 soir.

Intérieur à Préfets.

Le conseil des Ministres vous charge de faire immédiatement publier et afficher dans toutes les communes de votre département le résumé suivant du discours prononcé par M. le Président du conseil dans la séance d'hier, 27 mars 1871 :

Je l'ai dit et je le répète devant cette Assemblée, devant le pays et devant l'histoire car jamais l'histoire n'a eu les yeux plus ouverts, ni plus attentifs qu'aux événements immenses qui se passent en ce moment. J'affirme qu'aucun parti ne sera trahi par nous, que contre aucun parti il ne sera préparé de solution frauduleuse (très-bien, très-bien), nous n'avons accepté que cette mission : Défendre l'ordre et réorganiser en même temps le pays de manière à lui rendre la vie, la liberté de ses opérations, le commerce, la prospérité s'il se peut après de si grands malheurs, et quand tout cela sera rétabli la liberté de choisir comme il le voudra en ce qui concerne ses futures destinées. Voilà la seule mission que nous avons acceptée.

Nous manquerions à nos devoirs si nous préparions frauduleusement une solution quelconque qui serait la déception de tous les partis au profit d'un seul. (Applaudissements sur un grand nombre de bancs.)

Ainsi, Messieurs, d'aucun côté, d'aucun côté absolument, entendez-le bien, vous ne vous verrez trahis. Je n'ai jamais menti devant mon pays ni autrement et je mentirais indignement à cette heure si je ne vous disais pas une chose qui est la réalité même.

Non, ni moi ni mes collègues nous ne cherchons à rien précipiter, ou plutôt nous ne cherchons qu'à précipiter une seule chose, c'est la convalescence et la santé de notre cher pays. (Nouveaux applaudissements.)

Il y a des ennemis de l'ordre qui disent que nous nous préparons à renverser la République, je leur donne un démenti formel. Ils mentent à la France, ils veulent la troubler et l'agiter en tenant un pareil langage. (Marques très-vives d'approbation dans diverses parties de l'Assemblée.)

Nous avons trouvé la république établie comme un fait dont nous ne sommes pas les auteurs, mais je ne détruirai pas la forme de gouvernement dont je me sers maintenant pour rétablir l'ordre. (Nouvelles et plus vives marques d'approbation sur les mêmes bancs, applaudissements.)

Je ne trahirai pas plus les uns que les autres, je le jure devant Dieu ; la réorganisation du pays nous occupera et vous occupera uniquement. Ils mentent cent fois les misérables qui répandent contre nous les accusations calomnieuses de trahison, d'oter au pays toute paix et tout repos (très-bien, bravo, bravo.)

Messieurs, je m'adresse à tous les partis indistinctement, savez-vous à qui appartiendra la victoire ? aux plus sages (très-bien, très-bien.) travaillez-y, tachez de remporter devant la France, devant les siècles, le véritable prix pour gouverner, le prix de la raison et de la bonne conduite (très-bien, bravo.)

La France restera maîtresse d'elle-même, digne de sa destinée, digne de son passé et digne aussi, je l'espère, de son avenir. Oui cet avenir sera conforme à tout ce que la Providence a donné à la France dans tous les temps et qu'elle ne lui refusera pas pour la première fois dans ces jours de calamité où nous sommes ; elle aura eu ses épreuves douloureuses à traverser, mais elle les traversera et j'espère qu'elle en sortira avec sa grandeur immortelle que rien n'a encore atteint sérieusement.

POUR COPIE CONFORME :

Le Sous-Préfet de Toulon, H. JULIEN-SAUVE.

Toulon, 29 mars 1871, 1 heure matin.

Prix : CINQ centimes.

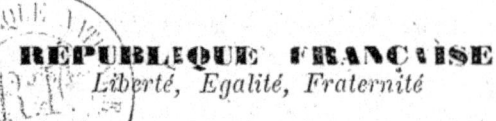
Liberté, Egalité, Fraternité

Dépêche Télégraphique

Draguignan 1er avril 9 heures 55 soir.

Le Préfet à Sous-Préfets de Brignoles et de Toulon, et Préfet maritime

Versailles, 1er avril 1 heure 22 soir.

Le Chef du Pouvoir exécutif à Préfets, Généraux de division et Procureurs généraux.

Le progrès de l'ordre a été constant depuis trois jours, le calme s'est maintenu constamment à Lyon, rétabli sans coup férir à Saint-Etienne et au Creuzot. A Toulouse la soumission a été instantanée et ne s'est pas démentie depuis que le préfet, M. de Kératry y est rentré. Des poursuites sont intentées contre les auteurs du désordre de Toulouse.

Les ridicules auteurs de l'insurrection de Narbonne avaient la prétention de prolonger leur résistance ; abordés par le général Kentz, à la tête de 900 hommes, ils ont déposé leurs armes, leur chef est entre les mains de la justice.

A Perpignan, l'autorité est parfaitement obéi. A Marseille, la garde nationale et la municipalité ne voulant pas assumer la responsabilité d'une guerre civile funeste à la République autant qu'à la France, ont fait une déclaration qui implique la reconnaissance du gouvernement élu et reconnu par toute la France. Le général Olivier, un moment prisonnier de l'émeute a été rendu ; l'armée va entrer en force à Marseille et tout terminer. Ainsi la France entière, sauf Paris est pacifiée.

A Paris la commune déjà divisée essayant de semer partout de fausses nouvelles et pillant les caisses publiques s'agite impuissante et elle est en horreur aux parisiens qui attendent avec impatience le moment d'en être délivrés.

L'Assemblée serrée autour du gouvernement siège paisiblement à Versailles où achève de s'organiser une des plus belles armées que la France ait possédées. Les bons citoyens peuvent donc se rassurer et espérer la fin prochaine d'une crise qui aura été douloureuse mais courte. Ils peuvent être certain qu'on ne leur laissera rien ignorer et que lorsque le gouvernement se taira c'est qu'il n'aura aucun fait grave ou intéressant à leur faire connaître.

A. THIERS.

POUR COPIE CONFORME :
Le Sous-Préfet de Toulon, H. JULIEN-SAUVE.

Toulon, 2 avril, matin.

Prix : CINQ centimes.

RÉPUBLIQUE FRANÇAISE
Liberté, Egalité, Fraternité

Dépêche Télégraphique

Versailles 2 avril, 6 heures soir.

Le Chef du Pouvoir exécutif à Préfets, Sous-Préfets, Procureurs généraux, Généraux et à toutes les autorités civiles et militaires.

Depuis deux jours des mouvements s'étant produits du côté de Rueil, Nanterre, Courbevoie, Puteaux et le pont de Neuilly ayant été barricadé par les insurgés, le gouvernement n'a pas voulu laisser ces tentatives impunies et il a ordonné de les réprimer sur le champ.

Le général Vinoy, après s'être assuré qu'une démonstration qui était faite par les insurgés du côté de Chatillon n'avait rien de sérieux est parti à 6 heures du matin avec la brigade Dandel de la division Faron, la brigade Bernard de la division Bruat, éclairées à gauche par la brigade des chasseurs du général de Gallifet et à droite par deux escadrons de la garde républicaine.

Les troupes se sont avancées par Vaucresson et Montretout, elles ont opéré leur fonction au rond-point des Bergères, quatre bataillons des insurgés occupaient positions de Courbevoie, telles que la caserne et le grand rond-point de la statue. Les troupes ont enlevé ces positions barricadées avec un élan remarquable. La caserne a été prise par les troupes de marine la grande barricade de Courbevoie par le 113°.

Les troupes se sont ensuite jetées sur la descente qui aboutit au pont de Neuilly et ont enlevé la barricade qui fermait le pont. Les insurgés se sont enfui précipitamment laissant un certain nombre de morts, de blessés et de prisonniers. L'entrain des troupes hâtant le résultat, nos pertes ont été presque nulles.

L'exaspération des soldats était extrême et s'est surtout manifestée contre les déserteurs qui ont été reconnus.

A 4 heures les troupes rentraient dans leur cantonnement après avoir rendu à la cause de l'ordre un service dont la France leur tiendra grand compte.

Le général Vinoy n'a pas un instant quitté le commandement.

Les misérables que la France est réduite à combattre, ont commis un nouveau crime ; le chirurgien en chef de l'armée M. Pasquier s'étant avancé seul et sans armes trop près des positions ennemies, a été indignement assassiné.

A. THIERS.

Pour copie conforme :
Le Sous-Préfet de Toulon, H. JULIEN-SAUVE.

Toulon, 3 avril matin.

Prix : CINQ centimes.

RÉPUBLIQUE FRANÇAISE
Liberté, Egalité, Fraternité

Dépêche Télégraphique

Versailles, 4 avril, 2 h. 10 matin.

Intérieur à Préfets et Sous-Préfets,

Les insurgés de Paris sont sorti ce matin en grand nombre et se sont dirigé sur Versailles en plusieurs colonnes avec artillerie, ils ont été mis en déroute sur tous les points et ont subi des pertes sérieuses.
Flourens a été tué dans la lutte.
L'armée est pleine d'enthousiasme elle s'est conduite admirablement et témoigne l'intention d'en finir avec des factieux, dont la conduite aujourd'hui dévoilée révolte tous les honnêtes gens.

PICARD.

POUR COPIE CONFORME :
Le Sous-Préfet de Toulon, H. JULIEN-SAUVÉ.

Toulon, 4 avril, 9 h. 45 matin.

---

182   Toulon — Typ. J. LAURENT, rue Royale, 49

Prix : **CINQ** centimes.

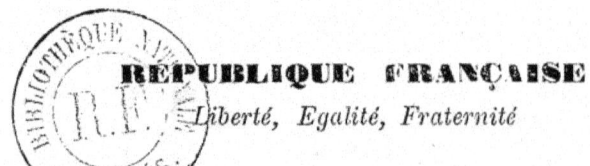

RÉPUBLIQUE FRANÇAISE
Liberté, Egalité, Fraternité

Dépêche Télégraphique

Le Préfet du Var prescrit de publier et afficher cette circulaire dans toutes les communes :

(URGENCE.) CIRCULAIRE DE VERSAILLES

4 avril 11 heures 55 soir.

Intérieur à Préfets,

Les insurgés ont éprouvé un dernier et décisif échec. Les troupes ont enlevé avec entrain admirable la redoute de Chatillon qu'ils occupaient. Plus de 2,000 prisonniers ont été menés à Versailles. Leurs principaux chefs Flourens et le général Duval ont péri. Henry, chef de la légion, est prisonnier.

Dans l'intérieur de Paris il n'y a pas eu de combats, mais la consternation du Comité et de ses adhérents est manifeste. Assy a été incarcéré par les siens. 22 membres de la Commune ont donné leur démission. Tout fait espérer une prochaine et heureuse solution.

PICARD.

POUR COPIE CONFORME :
Le Sous-Préfet de Toulon, H. JULIEN-SAUVE.

Toulon, 5 avril, 10 h. 10 matin.

Prix : CINQ centimes.

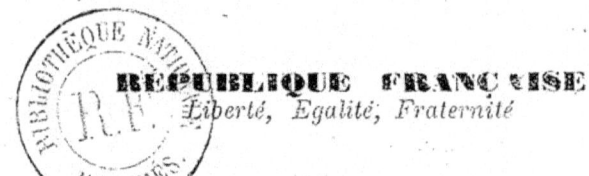

RÉPUBLIQUE FRANÇAISE
Liberté, Egalité, Fraternité

Dépêche Télégraphique

Versailles, 5 avril, 6 heures 30.

Le Chef du Pouvoir exécutif à Préfets, Sous-Préfets, Généraux commandant les divisions et subdivisions militaires, Procureurs généraux et Procureurs de la République, et toutes les autorités civiles et militaires.

Un nouvel et important succès vient de marquer le rétablissement successif de l'ordre. C'est la chute de la commune à Marseille. Le général Espivent est entré à Marseille en occupant de vive force la gare du chemin de fer et divers points de la ville.

Restait la Préfecture, bâtiment carré, qui formait une sorte de citadelle. Les marins débarqués de la frégate cuirassée qui stationnait devant Marseille, ont pénétré la hache d'abordage à la main, dans le bâtiment de la Préfecture, ont fait 500 prisonniers et ont mis fin au règne des parodistes de la commune de Paris. De nombreux coupables ont été arrêtés et justice en sera faite par l'application des lois.

Ainsi toutes les grandes villes sont aujourd'hui ralliées autour du gouvernement librement élu du pays.

A Limoges s'est produit une émotion peu dangereuse, mais les communistes de cette ville, jaloux de se montrer à la hauteur des communistes de Paris ont assassiné le colonel du régiment de cuirassiers qui était cantonné dans le département. La répression va suivre de près ce lâche assassinat.

Devant Paris, nous avons achevé de couronner tout le plateau de Châtillon. Un feu de peu d'effet s'est échangé entre la redoute de Châtillon conquise par les défenseurs de l'ordre et les forts d'Issy et de Vanves. Le gouvernement soigneux d'épargner le sang de l'armée n'a pas voulu ordonner l'attaque de ces forts dont le sort est lié à celui de Paris et qui tomberont avec la grande capitale quand le moment sera venu.

Les insurgés qui ne peuvent se dire vainqueurs sont consternés, ils se proscrivent les uns les autres en attendant qu'abandonnés de toute la population ils trouveront la fin qu'ils auront méritée. Tels sont les faits d'hier et d'aujourd'hui et rapportés avec l'exactitude dont le gouvernement est résolu à ne jamais s'écarter.

A. THIERS.

Toulon, 6 avril, 6 h. 30 matin.

Versailles, 5 avril, 5 heures 7 soir.

Le gouvernement vient de recevoir la dépêche télégraphique suivante qui devra être affichée dans toute les communes de France :

Le Général de division à M. le Ministre de la guerre.

Marseille, 5 avril 1871, 1 h. 45 minutes du soir.

J'ai fait une entrée triomphale dans la ville de Marseille avec toutes mes troupes. J'ai été beaucoup acclamé. Mon quartier général est installé à la Préfecture.

Les délégués du comité révolutionnaire ont quitté individuellement la ville dès hier matin. Le procureur général près la cour d'Aix me donne le concours le plus dévoué, lancé des mandats d'amener contre eux dans toute la France. Nous avons 500 prisonniers que je fais conduire au Château d'If tout est parfaitement tranquille en ce moment à Marseille.

Je vous remercie des renforts que vous m'annoncez, ils me permettront dans très peu de jours de diriger sur l'Algérie les quelques forces que j'en ai momentanément détournées. — Le général Espivant.

Ainsi l'insurrection est vaincue à Marseille et l'on peut être assuré qu'elle le sera bientôt dans la France entière.

A. THIERS.

POUR COPIE CONFORME :
Le Sous-Préfet de Toulon, H. JULIEN-SAUVE.

Toulon, 6 avril, 6 heures 40 matin.

Prix : CINQ centimes.

RÉPUBLIQUE FRANÇAISE
Liberté, Egalité, Fraternité

Dépêche Télégraphique

Versailles, 7 avril, soir.

Le Chef du Pouvoir exécutif à Préfets, Sous-Préfets, Généraux commandant les divisions et subdivisions militaires, Procureurs généraux et Procureurs de la République, et toutes les autorités civiles et militaires.

Hier le régiment de gendarmerie et la brigade Besson ont enlevé Courbevoie caserne et ville.

Aujourd'hui vendredi la division Montaudon, habilement et énergiquement dirigée par son chef, parfaitement aidée par les troupes du génie, a enlevé le pont de Neuilly, défendu par un ouvrage des plus considérables.

L'entrain des troupes a été extraordinaire. Le général Montaudon a été blessé légèrement, mais le général Péchot très-grièvement.

Les insurgés ont fait des pertes immenses, cette journée sera décisive par l'importance de la position que l'on vient de conquérir.

A. THIERS.

Pour copie conforme :
Le Sous-Préfet de Toulon, H. JULIEN-SAUVE.

Toulon, 8 avril, nuit.

Toulon — Imprimerie de J. LAURENT, rue Royale. 49.

Prix : **CINQ centimes**.

RÉPUBLIQUE FRANÇAISE
Liberté, Egalité, Fraternité

Dépêche Télégraphique

Versailles, 10 avril 3 h. 45 soir.

Le Chef du Pouvoir exécutif à Préfets, Sous-Préfets, Généraux commandant les divisions et subdivisions militaires, Procureurs généraux et Procureurs de la République, et toutes les autorités civiles et militaires.

La situation n'a pas sensiblement changé depuis trois jours.
A Marseille le désarmement continue sans trouble; à Toulouse les communistes ont essayé d'élever une barricade enlevée sans résistance par un simple détachement. Partout ailleurs règnent l'ordre et l'obéissance au gouvernement légal.
A Paris les insurgés se sont montrés de nouveau à Asnières et ont disparu sous la fusillade de nos soldats. Au pont de Neuilly nos troupes achèvent la tête de pont et consolident la possession de ce point important. La conduite des troupes est admirable partout et notre armée se montre digne des meilleurs temps.
Le gouvernement poursuit avec fermeté l'accomplissement du plan qu'il a adopté, et loin de s'inquiéter, les bons citoyens n'ont jamais eu plus de raison de prendre confiance dans l'avenir.

A. THIERS.

POUR COPIE CONFORME :
Le Sous-Préfet de Toulon, H. JULIEN-SAUVE.

Toulon, 10 avril, nuit.

Prix : **CINQ** centimes.

RÉPUBLIQUE FRANÇAISE
Liberté, Egalité, Fraternité

Dépêche Télégraphique

Versailles, 11 avril, 10 h. 50 matin.

Le Chef du Pouvoir exécutif à Préfets, Sous-Préfets, Généraux commandant les divisions et subdivisions militaires, Procureurs généraux et Procureurs de la République, et toutes les autorités civiles et militaires.

Rien de nouveau, le plus grand calme règne dans le cantonnement ; aujourd'hui le maréchal Mac-Mahon, les généraux de Gissey, Ladmirault prennent possession de leur commandement. Le général Vinoy conserve le commandement de l'armée de réserve.

L'armée s'organise et augmente chaque jour davantage. Ne croyez à aucun des faux bruits qu'on répand. Le président du Conseil n'a pas songé un instant à donner sa démission, étant parfaitement uni avec l'Assemblée nationale, profondément dévouée à ses devoirs quelque difficiles qu'ils soient.

Quant à une conspiration contre la République qui tendrait à la renverser, démentez ce bruit absurde et perfide. Il n'y a de conspiration contre la République que de la part des insurgés, mais on prépare contre eux des moyens irrésistibles et qu'on ne cherche qu'à rendre tels, que dans le désir et l'espérance d'épargner l'effusion du sang.

Que les bons citoyens sincères dans leurs alarmes se rassurent, il ne surviendra pas un seul évènement sans qu'on ne le leur fasse connaître et il n'y en a aucun de funeste à prévoir ni à craindre.

A. THIERS.

POUR COPIE CONFORME :

Le Sous-Préfet de Toulon, H. JULIEN-SAUVE.

Toulon, 5 h. 30 soir.

Prix : CINQ centimes.

Dépêche Télégraphique

Versailles 12 avril 5 h. 30 soir.

Le Chef du Pouvoir exécutif à Préfets, Sous-Préfets, Généraux commandant les divisions et subdivisions militaires, Procureurs généraux et Procureurs de la République, et toutes les autorités civiles et militaires.

Ne vous laissez pas inquiéter par de faux bruits. L'ordre le plus parfait règne en France, Paris seul excepté. Le gouvernement suit son plan et il n'agira que lorsqu'il jugera le moment convenable ; jusque là les évènements de nos avant-postes sont insignifiants.

Les récits de la commune sont aussi faux que ses principes, les écrivains de l'insurrection prétendent qu'ils ont remporté une victoire du côté de Chatillon, opposez un démenti formel à ces mensonges ridicules, ordre est donné aux avant-postes de ne dépenser inutilement ni la poudre, ni le sang de nos soldats.

Cette nuit les insurgés vers Clamart ont cannoné, fusillé dans le vide sans que nos soldats devant lesquels ils fuient à toutes jambes aient daigné riposter. Notre armée tranquille et confiante attend le moment décisif avec une parfaite assurance, et si le gouvernement la fait attendre c'est pour rendre la victoire moins sanglante et plus certaine ; l'insurrection donne plusieurs signe de fatigue et d'épuisement.

Bien des intermédiaires sont venus à Versailles porter des paroles, non pas au nom de la Commune, sachant qu'à ce titre ils n'auraient pas même été reçus, mais au nom des républicains sincères qui demandent le maintien de la République et qui voudraient voir appliquer des traitements modérés aux insurgés vaincus.

La réponse a été invariable. Personne ne menace la République, si ce n'est l'insurrection elle-même.

Le chef du pouvoir exécutif persévèrera loyalement dans les déclarations qu'il a faites à plusieurs reprises. Quant aux insurgés, les assassins exceptés, ceux qui déposeront les armes auront la vie sauve. Les ouvriers malheureux conserveront pendant quelques semaines le subside qui les faisait vivre.

Paris jouira comme Lyon, comme Marseille, d'une représentation municipale élue, et comme les autres villes de France fera librement les affaires de la Cité. Mais pour les villes comme pour les citoyens, il n'y aura de privilèges pour personne. Toute tentative de cécession essayée par une partie quelconque du territoire, sera énergiquement réprimée en France, comme elle l'a été en Amérique.

Telle a été la réponse sans cesse répétée, non pas aux représentants de la Commune que le gouvernement ne saurait admettre auprès de lui, mais à tous les hommes de bonne foi qui sont venus à Versailles, s'informer des intentions du gouvernement.

A. THIERS.

Pour copie conforme :
Le Sous-Préfet de Toulon, H. JULIEN-SAUVE.

Toulon, 4 h. matin.

Prix : CINQ centimes.

Dépêche Télégraphique

Versailles, 14 avril 8 h. 25 soir.

Le Chef du pouvoir exécutif, à Préfets, Sous-Préfet, Généraux commandant les divisions et subdivisions militaires, Procureurs généraux, et Procureurs de la République, et toutes les autorités civiles et militaires.

Les deux journées qui viennent de s'écouler ne pouvaient amener des événements parce que le Gouvernement persistant dans ses travaux d'organisation, ne cherche pas à faire des entreprises.

Du côté de Châtillon et des forts du Sud la canonnade a été presque insignifiante ; une sortie de l'ennemi a été vigoureusement repoussée et nous répétons à cette occasion que les nuits précédentes il est absolument faux que l'ennemi ait tenté et réalisé quoi que ce soit si ce n'est une canonnade et une fusillade dans le vide, restées sans réponse, ce qui certes n'aurait pas eu lieu s'il avait voulu faire un seul pas en avant.

Nos postes sont bien établis, parfaitement défendus du feu et ne souffrent d'aucune manière et, tandis que les insurgés consomment leurs munitions, notre nombreuse cavalerie se portant vers Juvisy, Choisy-le-Roy, les a privés des communications avec Orléans, de manière qu'il ne leur en reste plus aucune avec la province.

Du côté opposé, c'est-à-dire vers Versailles, les insurgés canonnent des remparts de Maillot notre tête de pont de Neuilly-Est.

Le général Wolf a fait une sortie contre les maisons de droite et de gauche et a fait subir à l'ennemi des pertes considérables.

On s'occupe de contre-battre la batterie d'Asnières uniquement pour contenir l'ennemi, l'intention étant toujours de nous borner à conserver nos positions jusqu'au jour où nous tenterons par une action décisive de mettre un terme à cette guerre civile déplorable. Jusque là il n'y a de significatif que nos arrivées de troupes et de matériel.

L'Assemblée poursuivant paisiblement ses travaux a voté aujourd'hui à une immense majorité la loi municipale après avoir presque sur tous les points conservé le projet du gouvernement. Elle a prouvé en même temps qu'elle voulait tenir parole à Paris en le dotant d'autant de franchises municipales que les villes qui en ont le plus.

A. THIERS.

POUR COPIE CONFORME :
Le Sous-Préfet de Toulon, H. JULIEN-SAUVE.

Toulon, 15 avril 1 h. 50 matin.

Toulon — Typ. J. LAURENT, rue Royale, 49

Dépêche Télégraphique

Versailles, le 16 avril, 5 heures 45 soir.

Le Chef du Pouvoir exécutif à Préfets, Sous-Préfets, Généraux commandant les divisions et subdivisions militaires, Procureurs généraux et Procureurs de la République, et toutes les autorités civiles et militaires.

Le gouvernement s'est tû hier parce qu'il n'y avait aucun événement à faire connaître au public et s'il parle aujourd'hui c'est pour que les alarmistes mal intentionnés ne puissent abuser de son silence pour semer de faux bruits.

La canonnade sur les deux extrémités de nos positions Châtillon au Sud, Courbevoie au Nord a été fort insignifiante. Cette nuit nos troupes s'habituent à dormir au bruit de ces canons qui ne tirent que pour les éveiller. Nous n'avons donc rien à raconter si ce n'est que les insurgés vident les principales maisons de Paris pour mettre en vente le mobilier au profit de la Commune ce qui constitue la plus odieuse des spoliations.

Le gouvernement persiste dans son système de temporisation pour deux motifs qu'il peut avouer, c'est d'abord de réunir des forces tellement imposantes que la résistance soit impossible et dès lors peu sanglante, c'est ensuite pour laisser à des hommes égarés le temps de venir à la raison.

On leur dit que le gouvernement veut détruire la République ce qui est absolument faux sa seule occupation étant de mettre fin à la guerre civile, de rétablir l'ordre, le crédit, le travail et d'opérer enfin l'évacuation du territoire par l'acquittement des obligations contractées envers la Prusse.

On dit à ces mêmes hommes égarés qu'on veut les fusiller tous, ce qui est encore faux, le gouvernement faisant grâce à tous ceux qui mettent bas les armes, comme il a fait à l'égard des 2,000 prisonniers qu'il nourrit à Belle-Isle sans en tirer aucun service.

On leur dit enfin que privés du subside qui les fait vivre, on les forcera de mourir de faim ce qui est aussi faux que tout le reste, puisque le gouvernement leur a promis encore quelques semaines de ce subside pour leur fournir le moyen d'attendre la reprise du travail, reprise certaine si l'ordre est rétabli et la soumission à la loi obtenue.

Éclairez les hommes égarés, tout en préparant les moyens infaillibles de réprimer leur égarement s'ils y persistent ; tel est le sens de l'attitude du gouvernement, et si quelques coups de canon se font entendre, ce n'est pas son fait, c'est celui de quelques insurgés voulant faire croire qu'ils combattent, lorsqu'ils osent à peine se faire voir.

La vérité de la situation telle qu'elle est, la voilà toute entière et pour un certain nombre de jours elle sera la même, nous prions donc les bons citoyens de ne pas s'alarmer si tel jour le gouvernement faute d'avoir rien à dire aime mieux se taire, il agit et l'action ne se révèle que par les résultats, or ces résultats il faut savoir les attendre loin de les hâter ; on les retarde en voulant les précipiter.

A. THIERS.

POUR COPIE CONFORME :
Le Sous-Préfet de Toulon, H. JULIEN-SAUVE.

Toulon, 17 avril 2 h. matin.

Prix : CINQ CENTIMES

RÉPUBLIQUE FRANÇAISE
Liberté, Egalité, Fraternité

Dépêche Télégraphique

Versailles, 17 avril 7 h. 20 soir.

Le Chef du Pouvoir executif à Préfets, Sous-Préfets, Généraux commandant les divisions et subdivisions militaires, Procureurs généraux et Procureurs de la République, et toutes les autorités civiles et militaires.

Aujourd'hui nos troupes ont exécuté un brillant fait d'armes du côté de Courbevoie. La division Montaudon dirigée par son habile général a fait la conquête du château de Bécon.

Après une vive canonnade, le jeune colonel d'Avoust, duc d'Auerstaedt s'est lancé à la tête de son régiment et a enlevé le château. Nos troupes du génie se sont hâtées de commencer un épaulement avec des sacs à terre et d'établir une forte batterie. La position d'Asnières ainsi contrebattue ne pourra plus inquiéter notre tête de pont de Neuilly.

Nous n'avons pas d'autre objet persistant toujours à éviter les petites actions jusqu'à l'action décisive qui rendra définitivement force à la loi.

L'événement d'aujourd'hui exécuté sous le feu croisé d'Asnières et de l'enceinte n'en est pas moins un acte remarquable d'habileté et de vigueur.

A. THIERS.

Pour copie conforme :
Le Sous-Préfet de Toulon, H. JULIEN-SAUVE.

Toulon, 18 avril 4 h. matin.

Toulon — Imprimerie de J. LAURENT, rue Royale. 49.

Prix : CINQ centimes.

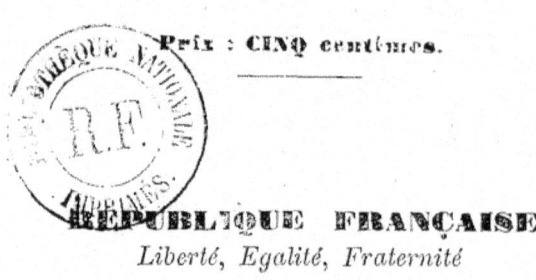

RÉPUBLIQUE FRANÇAISE
Liberté, Egalité, Fraternité

Dépêche Télégraphique

Versailles, 18 avril, 4 h. 40 soir.

Le Chef du Pouvoir exécutif à Préfets, Sous-Préfets, Généraux commandant les divisions et subdivisions militaires, Procureurs généraux et Procureurs de la République, et toutes les autorités civiles et militaires.

Nouveau succès de nos troupes ce matin, toujours dans le but de garantir notre position de Courbevoie contre les feux de la porte Maillot et du village d'Asnières.

Le régiment des gendarmes sous les ordres du brave colonel Gromelin a enlevé le village de Colombes, s'est porté au-delà et a repoussé les insurgés au loin en leur faisant essuyer des pertes sensibles en morts ou en prisonniers. Quelques rails enlevés à propos ont arrêté la locomotive blindée et l'ont laissée dans le plus grand péril.

Ces combats de détail où l'ennemi ne prouve qu'une chose, l'abondance de l'artillerie trouvée sur les remparts de Paris, font ressortir l'entrain, le zèle de nos soldats et le peu de tenue des insurgés qui fuient dès qu'ils ne sont plus appuyés par les canons dérobés à l'enceinte de Paris.

A. THIERS.

POUR COPIE CONFORME :
Le Sous-Préfet de Toulon, H. JULIEN-SAUVE.

Toulon, 19 avril matin.

Toulon.— Typ. J. LAURENT, rue Royale, 49

Prix : CINQ centimes.

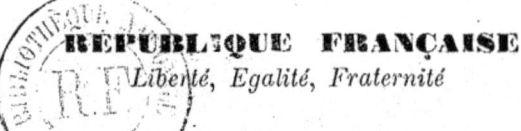
RÉPUBLIQUE FRANÇAISE
Liberté, Egalité, Fraternité

Dépêche Télégraphique

Versailles, 19 avril, 7 h. soir.

Le Chef du Pouvoir exécutif à Préfets, Sous-Préfets, Généraux commandant les divisions et subdivisions militaires, Procureurs généraux et Procureurs de la République. et toutes les autorités civiles et militaires.

Asnières a été emporté ce matin ; nos soldats sous la conduite du général Montaudon, qui se multiplie dans ces circonstances, se sont jetés sur la position malgré le feu de l'enceinte, et l'ont emportée avec une vigueur extraordinaire. L'ennemi a fait des pertes énormes et ne peut plus incommoder notre établissement de Courbevoie.

Ainsi nous avançons vers le terme de cette criminelle résistance à la loi du pays; et la Commune déjà désertée par les électeurs le sera bientôt par ses défenseurs égarés qui commencent à comprendre qu'on les trompe et qu'on sacrifie inutilement leur sang à une cause à la fois impie et perdue.

A. THIERS.

POUR COPIE CONFORME :
Le Sous-Préfet de Toulon, H. JULIEN-SAUVE.

Toulon, 20 avril matin.

Prix : CINQ centimes.

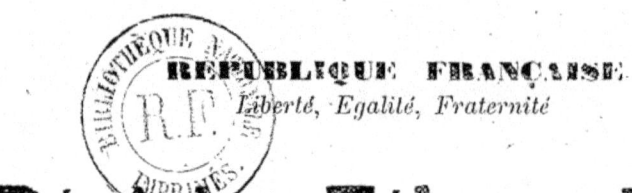

RÉPUBLIQUE FRANÇAISE
Liberté, Egalité, Fraternité

Dépêche Télégraphique

Versailles, 24 avril, 9 h. soir.

Le Chef du Pouvoir exécutif à Préfets, Sous-Préfets, Généraux commandant les divisions et subdivisions militaires, Procureurs généraux et Procureurs de la République, et toutes les autorités civiles et militaires.

Les jours écoulés viennent de se passer en travaux du génie et en concentration de troupes.

Les corps formés à Cherbourg, Cambrai, Auxerre avec les prisonniers revenus d'Allemagne sont venus prendre position à Versailles et y ont été remarquables par leur tenue à la fois sévère et ferme.

On reconnait parmi eux les vaillants de Gravelotte qui en combattant un contre deux ont livré sans fléchir l'une des plus grandes batailles du siècle.

Ils forment deux corps séparés sous les généraux Douai et Clinchant.

C'est autour de Bagneux que se sont passés les combats des deux derniers jours. Avant hier les insurgés avertis qu'on avait barricadé Bagneux ont attaqué ce village d'abord avec 200 hommes qui ont été mis en déroute puis avec une seconde colonne d'un millier d'hommes et d'une pièce de canon.

La petite garnison composée de 2 compagnies du 46e a attendu les insurgés à 100 mètres et les a mis en fuite par un feu meurtrier, la route est restée jonchée de leurs morts.

Aujourd'hui ils ont voulu recommencer et se sont avancés précédés par une avant-garde aux ordres d'un sergent, les tirailleurs du 70e habilement embusqués ont reçu cette avant-garde à bout portant et l'ont détruite ; le sergent et ses hommes ont été tués.

Le hideux drapeau rouge et celui qui le portait sont entre nos mains.

Ces petits combats qui avaient pour but de troubler nos travaux n'ont point atteint leur but car les travaux sont achevés et les opérations actives vont bientôt commencer.

A. THIERS.

POUR COPIE CONFORME :
Le Sous-Préfet de Toulon, H. JULIEN-SAUVE.

Toulon, 25 avril 1 h. 39 matin.

Prix : CINQ centimes.

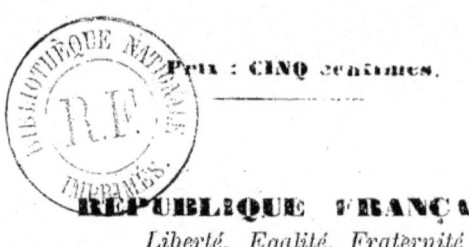

RÉPUBLIQUE FRANÇAISE
Liberté, Egalité, Fraternité

Dépêche Télégraphique

Versailles, 26 avril 2 h. 50 soir.

Le Chef du Pouvoir exécutif à Préfets, Sous-Préfets, Généraux commandant les divisions et subdivisions militaires, Procureurs généraux et Procureurs de la République, et toutes les autorités civiles et militaires.

Les opérations actives ont commencé hier.
Trois grandes lignes de bataille ont ouvert leurs feux sur les forts de Vanves et d'Issy, la ligne de droite ayant à contre-battre à la fois les feux de Vanves et d'Issy a eu quelques blessés et quelques embrasures atteintes sans cesser pourtant de tirer activement.
La ligne du centre qui contenait 17 bouches à feu de fort calibre n'a eu ni un blessé ni une de ses pièces endommagée, et a fait tonner sur le fort d'Issy une formidable canonnade.
Dès midi son feu avait pris une supériorité marquée sur celui du fort d'Issy qui à cinq heures ne tirait plus que quelques coups fort rares.
A gauche l'action était moins vive de part et d'autre. L'action sérieuse restait celle du centre et tout faisait prévoir que le fort d'Issy serait bientôt réduit au silence. C'est pour le moment un combat d'artillerie dont l'issue ne saurait être douteuse, dont nous ferons connaître exactement les péripéties.

A. THIERS.

POUR COPIE CONFORME :
Le Sous-Préfet de Toulon, H. JULIEN-SAUVE.

Toulon, 27 avril, nuit,

Toulon — Typ. J. LAURENT, rue Royale, 49.

Prix : CINQ centimes.

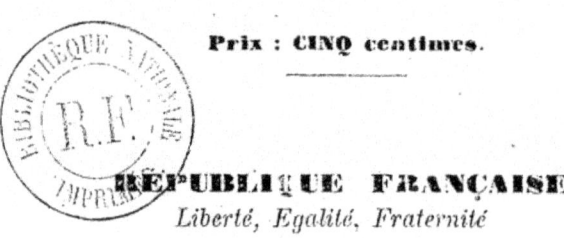

RÉPUBLIQUE FRANÇAISE
Liberté, Egalité, Fraternité

Dépêche Télégraphique

Versailles, 27 avril 5 h. soir.

Le Chef du pouvoir exécutif, à Préfets, Sous-Préfet, Généraux commandant les divisions et subdivisions militaires, Procureurs généraux, et Procureurs de la République, et toutes les autorités civiles et militaires.

Les opérations de l'armée ont continué dans la journée d'hier, notre artillerie a maintenu son feu avec une supériorité marquée et surtout décisive contre le fort d'Issy. Elle n'a pu ni voulu éteindre le feu de Vanves qui n'était pas l'objet de ses efforts, elle n'a songé qu'à le contenir, mais elle a dirigé ses coups sur le fort d'Issy qui n'est plus la difficulté de nos opérations, tant qu'il est réduit au silence ; tout au plus fait-il entendre un coup de canon d'heure en heure pour donner signe de vie, mais nous répétons, il n'est plus à craindre.

L'armée a poursuivi ses cheminements sur notre gauche droite du fort d'Issy et sans s'astreindre aux opérations en règle. Elle a fait des pas en avant de manière à ne plus permettre à l'ennemi les retours offensifs.

Cette nuit le brave général Faron, à la tête 100 fusiliers marins, 500 hommes du 110e, 4 compagnies du 35e, a abordé la difficile position des Moulineaux, l'élan des troupes a singulièrement abrégé la lutte et diminué nos pertes ; des maisons, des barricades ont été successivement enlevés et les Moulineaux sont restés en notre pouvoir couverts des corps de l'ennemi. Sur le champ le génie a pris ses précautions et assuré la situation de nos troupes.

Nous ne sommes plus qu'à 8 ou 900 mètres du fort d'Issy. Pendant ce temps tout se prépare sur l'étendue entière de notre ligne depuis Neuilly jusqu'à Meudon pour rendre nos opérations aussi efficaces que rapides.

A. THIERS.

POUR COPIE CONFORME :
Le Sous-Préfet de Toulon, H. JULIEN-SAUVE.

Toulon, 28 avril, nuit.

Toulon. — Typ. J. LAURENT, rue Royale, 49.

Prix CINQ centimes.

RÉPUBLIQUE FRANÇAISE
Liberté, Egalité, Fraternité

Dépêche Télégraphique

Versailles, 28 avril, 1 h. 40 soir.

Le Chef du Pouvoir exécutif à Préfets, Sous-Préfets, Généraux commandant les divisions et subdivisions militaires, Procureurs généraux et Procureurs de la République, et toutes les autorités civiles et militaires.

Nos troupes poursuivent leurs travaux d'approche sur le parc d'Issy qui n'est plus habitable pour ceux qui l'occupaient, le fort d'Issy ne tire presque plus.
A droite notre cavalerie parcourant la campagne a rencontré une bande d'insurgés, les éclaireurs du 70e commandés par le capitaine Santaleni, ont mis en déroute cette bande de la force d'une compagnie et en ont ramené prisonniers le capitaine, le lieutenant, le fourrier et dix hommes. 30 ou 40 hommes sont tombés blessés ou tués. Le reste des insurgés a été poursuivi jusqu'auprès des Hautes-Bruyères, malgré la vigueur de la fusillade, nous n'avons eu de notre côté aucune perte à déplorer.

A. THIERS.

POUR COPIE CONFORME :
Le Sous-Préfet de Toulon, H. JULIEN-SAUVE.

Toulon, 29 avril, nuit.

Toul n — Typ. J. LAURENT, rue Royale, 49

Prix : **CINQ CENTIMES**

RÉPUBLIQUE FRANÇAISE
Liberté, Egalité, Fraternité

Dépêche Télégraphique

Versailles, 30 avril, 12 h. 30 soir.

Le Chef du Pouvoir exécutif à Préfets, Sous-Préfets, Généraux commandant les divisions et subdivisions militaires, Procureurs généraux et Procureurs de la République, et toutes les autorités civiles et militaires.

Les travaux d'approche contre le fort d'Issy ont continué ; le gouvernement a reçu les dépêches suivantes qu'il s'empresse de publier :

« Bel-Air, 30 avril 1871, 3 h. 55 matin. — Le général de Cissey à Monsieur le chef du pouvoir exécutif et à Monsieur le général commandant en chef à Versailles.

« Le coup de main sur la ferme de Bonnamy, en avant de Châtillon, a été exécuté par une compagnie du 72e et par la compagnie des éclaireurs du 71e ; deux officiers insurgés ont été tués et 30 insurgés ont été tués ou blessés. On a fait 76 prisonniers dont 4 officiers qui arriveront dans la matinée à Versailles.

« On ne saurait accorder trop d'éloges à ces troupes et surtout aux capitaines du Mouchel, du 70e, et Broussier du 71e. A plus tard les détails de l'affaire d'Issy.

« Bel-a`ir, le 30 avril, 5 heures 35 matin. Le général de Cissey à monsieur le chef du pouvoir exécutif et le maréchal Mac-Mahon à Versailles : Je reçois du général Faron la dépêche suivante :

« Fleury, 30 avril, 5 heures du matin : Opération bien réussie ; le cimetière,
« les tranchées, les carrières et le parc d'Issy ont été enlevés avec beaucoup d'élan
« par les bataillons des brigades Der, Oja, Paturel, Berthe, avec le concours de
« fusiliers marins ; nous occupons fortement les nouvelles positions très rappro-
« chées des assaillants et de l'entrée du fort. Le parc est relié au chemin de fer par
« une tranchée passant en avant du cimetière.

« De notre côté peu de morts, une vingtaine de blessés. Les insurgés en très-
« grand nombre se sont précipitamment retirés en laissant de nombreux morts et
« blessés ainsi qu'une centaine de prisonniers, dix pièces d'artillerie, beaucoup de
« munitions et de chevaux. »

A. THIERS.

POUR COPIE CONFORME :
Le Sous-Préfet de Toulon, H. JULIEN-SAUVE.

Toulon, 30 avril, nuit,

Prix : CINQ centimes.

RÉPUBLIQUE FRANÇAISE
Liberté, Egalité, Fraternité

Dépêche Télégraphique

Versailles, 2 mai, 2 heures soir.

Le Chef du Pouvoir exécutif à Préfets, Sous-Préfets, Généraux commandant les divisions et subdivisions militaires, Procureurs généraux et Procureurs de la République, et toutes les autorités civiles et militaires.

Opérations de l'armée. — Le fort d'Issy accablé par le feu de nos batteries avait arboré le drapeau parlementaire et allait se rendre lorsqu'un envoyé de la commune, arrivant soudainement, a empêché les défenseurs de déposer les armes. Le feu a continué sur le champ et a continué les ravages.

Cette nuit le général La Mariouze, de la division Faron, à la tête de deux bataillons, un du 35e et un du 42e a emporté le château d'Issy avec la plus grande vigueur. Pendant ce temps le 22e de chasseurs à pied de la brigade Berthe, s'approchant en silence de la gare de Clamart l'a enlevée à la baïonnette presque sans tirer.

Les insurgés dans ces deux actions ont fait des pertes considérables ; ils ont laissé 300 morts sur le terrain et environ 400 prisonniers.

En ce moment le fort complétement investi et isolé de Paris sera bientôt en notre pouvoir ou par reddition, ou par force. Nos opérations continuent donc selon un plan bien mûri et de manière à amener des résultats prochains.

Pendant ce temps la Commune délaissée par les électeurs d'août « la France » et menacée par notre armée commet des actes qui sont ceux du désespoir ; elle arrête ses généraux pour les fusiller et institue un comité de salut public qui indignera tout le monde sans le faire trembler.

Elle est évidemment au terme de son délire et il ne lui reste que la ressource dont elle use tous les jours, d'annoncer aux Parisiens qu'elle est partout victorieuse. Toujours est-il qu'en quatre jours le fort d'Issy a été éteint et entièrement isolé par un investissement complet.

A. THIERS.

Pour copie conforme :
Le Sous-Préfet de Toulon, H. JULIEN-SAUVE.

Toulon, 2 mai, nuit.

Toulon — Imprimerie de J. LAURENT, rue Royale, 49.

Prix : CINQ centimes.

RÉPUBLIQUE FRANÇAISE
Liberté, Egalité, Fraternité

Dépêche Télégraphique

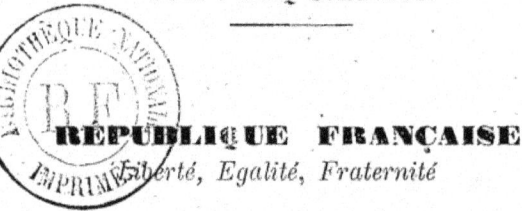

Versailles, jeudi, 4 h. 5 du soir.

Le Chef du pouvoir exécutif, à Préfets, Sous-Préfet, Généraux commandant les divisions et subdivisions militaires, Procureurs généraux, et Procureurs de la République, et toutes les autorités civiles et militaires.

Pendant que nos travaux d'investissement continuent autour du fort d'Issy, reliant à d'autres travaux plus importants autour de l'enceinte, la division Lacrételle a exécuté à notre extrême droite une opération des plus hardies vers le moulin Saquet, elle s'est portée sur cette position, l'a enlevée, a fait 300 prisonniers et pris 8 pièces de canon. Le reste de la troupe des insurgés s'est enfui à toutes jambes laissant 150 morts ou blessés sur le champ de bataille.

Telle est la victoire que la commune pourra célébrer demain dans ses bulletins, du reste nos travaux d'approche avancent avec une rapidité admirée de tous les hommes de l'art et qui promet à la France une prompte fin de ses épreuves et à Paris surtout, la délivrance des affreux tyrans qui l'oppriment.

A. THIERS.

POUR COPIE CONFORME :
Le Sous-Préfet de Toulon, H. JULIEN-SAUVE.

Toulon, 4 mai, nuit.

Toulon. — Typ. J. LAURENT, rue Royale, 49.

Prix : CINQ centimes.

RÉPUBLIQUE FRANÇAISE
Liberté, Égalité, Fraternité

Dépêche Télégraphique

Versailles, 6 mai, 7 h. 30 soir.

Le Chef du Pouvoir exécutif à Préfets, Sous-Préfets, Généraux commandant les divisions et subdivisions militaires, Procureurs généraux et Procureurs de la République, et toutes les autorités civiles et militaires.

Ceux qui suivent les opérations que notre armée exécute avec un dévouement admirable pour sauver l'ordre social si gravement menacé par l'insurrection parisienne, ont compris qu'il s'agissait d'annuler le fort d'Issy en éteignant ses feux et en coupant ses communications tant avec le fort de Vanves qu'avec l'enceinte.

Ces opérations touchent à leur terme malgré l'obstacle qu'elles rencontrent dans les batteries du fort de Vanvre ; la ligne du chemin de fer que traverse un passage voûté est la ligne qu'on se dispute depuis trois jours. Cette nuit quarante marins et deux compagnies du 17e bataillon de chasseurs à pied conduits par le général Paturel se sont résolument élancés sur le chemin de fer et sur le passage voûté. Les marins accueillis par un feu très-vif ont été vaillament soutenus par les deux compagnies du 17e, et la ligne du chemin de fer ainsi que le passage voûté sont restés en notre pouvoir.

Cependant la garnison de Vanves cherchant en ce moment à prendre nos soldats à revers était prête à sortir de ses positions lorsque le colonel Villemette s'est jeté sur elle à la tête du 2e régiment provisoire a enlevé les tranchées des insurgés, a pris le redan où ils se logeaient, en a tué et pris un grand nombre et a terminé ce brillant engagement par un coup de main décisif.

On a aussitôt retourné le redan contre l'ennemi et on y a pris quantité d'armes, de munitions, de sacs de vivres abandonnés par la garnison de Vanves et le drapeau du 119e bataillon insurgé.

Comme on le voit pas un jour n'est perdu, chaque heure nous approche du moment où l'attaque principale terminera les anxiétés de Paris et de la France toute entière. Nous avons eu plusieurs officiers distingués mis hors de combat dans ces opérations.

Le colonel Leperche, le lieutenant Pavot et le jeune de Broglie ont été gravement mais non dangereusement blessés ; on espère qu'ils seront bientôt remis.

A. THIERS.

Pour copie conforme :
Le Sous-Préfet de Toulon, H. JULIEN-SAUVE.

Toulon, 7 mai, 3 heures matin.

Prix : CINQ centimes

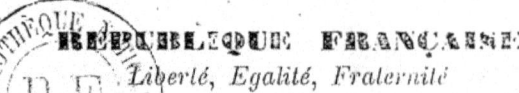

Liberté, Egalité, Fraternité

Dépêche Télégraphique

Versailles, 8 mai. 1 h 45 soir.

Le Chef du Pouvoir exécutif à Préfets, Sous-Préfets, Généraux commandant les divisions et subdivisions militaires, Procureurs généraux et Procureurs de la République, et toutes les autorités civiles et militaires.

Versailles, 7 mai.

Le gouvernement a fait répandre aujourd'hui la proclamation suivante :
Le gouvernement de la République française aux Parisiens :
La France librement consultée par le suffrage universel a élu un gouvernement qui est le seul légal, le seul qui puisse commander l'obéissance, si le suffrage universel n'est pas un vain mot.

Ce gouvernement vous a donné les mêmes droits que ceux dont jouissent, Lyon, Marseille, Toulouse, Bordeaux, et à moins de mentir au principe de l'égalité, vous ne pouvez demander plus de droits que n'en ont toutes les autres villes du territoire. En présence de ce gouvernement, la commune, c'est-à-dire la minorité qui vous opprime et qui ose se couvrir de l'infâme drapeau rouge a la prétention d'imposer à la France ses volontés. Par ses œuvres vous pouvez juger du régime qu'elle vous destine.

Elle viole les propriétés, emprisonne les citoyens pour en faire des otages, transforme en désert vos rues et vos places publiques, où s'étalait le commerce du monde, suspend le travail dans Paris, le paralyse dans toute la France, arrête la prospérité qui était prête à renaître, retarde l'évacuation du territoire par les Allemands, et vous expose à une nouvelle attaque de leur part, qu'ils se déclarent prêts à exécuter sans merci, si nous ne venons pas nous-même comprimer l'insurrection. Nous avons écouté toutes les délégations qui nous ont été envoyées et pas une ne nous a offert une condition qui ne fût l'abaissement de la souveraineté nationale devant la révolte, le sacrifice de toutes les libertés et de tous les intérêts.

Nous avons répété à ces délégations que nous laisserions la vie sauve à ceux qui déposeraient les armes, que nous continuerions le subside aux ouvriers nécessiteux. Nous l'avons promis nous le promettons encore, mais il faut que cette insurrection cesse, car elle ne peut se prolonger sans que la France y périsse.

Le Gouvernement qui vous parle aurait désiré que vous puissiez vous affranchir vous-mêmes de quelques tyrans qui se jouent de votre liberté et de votre vie.

Puisque vous ne le pouvez pas il faut bien qu'il s'en charge et c'est pour cela qu'il a réuni une armée sous vos murs. Armée qui vient au prix de son sang non pour vous conquérir mais vous délivrer.

Jusqu'ici il s'est borné à l'attaque des ouvrages extérieurs. Le moment est venu où pour abréger votre supplice il doit attaquer l'enceinte elle-même ; il ne bombardera pas Paris comme les gens de la Commune et du comité du Salut public ne manqueront pas de vous le dire.

Un bombardement menace toute la ville, la rend inhabitable et a pour but d'intimider les citoyens et de les contraindre à une capitulation. Le gouvernement ne tirera le canon que pour forcer une de vos portes et s'efforcera de limiter au point attaqué les ravages de cette guerre dont il n'est pas l'auteur. Il sait, il aurait compris de lui-même si vous le lui aviez fait dire de toutes parts ; qu'aussitôt que les soldats auront franchi l'enceinte, vous vous rallieriez au drapeau national, pour contribuer avec notre vaillante armée à détruire une sanguinaire et cruelle tyrannie.

Il dépend de vous de prévenir les désastres qui sont inséparables d'un assaut. Vous êtes cent fois plus nombreux que les sectaires de la commune. Réunissez-vous, ouvrez-nous les portes qu'ils ferment à la loi, à votre prospérité à celle de la France, ces portes ouvertes, le canon cessera de se faire entendre.

Le calme, l'ordre, l'abondance, la paix rentreront dans vos murs, les Allemands évacueront le territoire et les traces de vos maux disparaîtront rapidement.

Mais si vous n'agissez pas le gouvernement sera obligé de prendre pour vous délivrer les moyens les plus prompts et les plus sûrs. Il vous le doit à vous mais il le doit surtout à la France parce que les maux qui pèsent sur vous, pèsent sur elle ; parce que le chômage qui vous ruine s'est étendue à elle et la ruine également. Parcequ'elle a le droit de le sauver si vous ne savez pas vous sauver vous mêmes.

Parisiens, pensez-y mûrement dans très peu de jours nous serons dans Paris, la France veut en finir avec la guerre civile. Elle le veut, elle le doit, elle le peut. Elle marche pour vous délivrer, vous pouvez contribuer à vous sauver vous-mêmes en rendant l'assaut inutile et en reprenant votre place aujourd'hui au milieu de vos concitoyens et de vos frères.

A THIERS.

POUR COPIE CONFORME :
Le Sous-Préfet de Toulon, H. JULIEN-SAUVE.

Toulon, 8 mai, 9 heures du soir.

Prix : CINQ centimes.

Dépêche Télégraphique

Versailles, 9 mai. 7 h. soir.

Le Chef du Pouvoir exécutif à Préfets, Sous-Préfets, Généraux commandans les divisions et subdivisions militaires, Procureurs généraux et Procureurs de la République, et toutes les autorités civiles et militaires.

L'habile direction de notre armée secondée par la bravoure de nos troupes a aujourd'hui obtenu un résultat éclatant ; le fort d'Issy après 8 jours d'attaque seulement a été occupé ce matin par le 38e de ligne. On y a trouvé beaucoup de munitions et d'artillerie. Nous donnerons demain les détails mais nous pouvons dès aujourd'hui louer l'heureuse audace avec laquelle nos généraux ont conduit les approches sous les feux croisés du fort de Vanves, de l'enceinte et du fort d'Issy lui même. Le génie a eu une grande part à ses résultats si prompts et si décisifs.

Le fort de Vanves est dans un état qui ne lui permettra guère de prolonger sa résistance ; du reste la conquête du fort d'Issy suffit seule pour assurer le succès du plan d'attaque actuellement entrepris.

Cette nuit le général Douai après une vigoureuse canonnade de la formidable batterie de Montretout favorisé en outre par une nuit sombre a passé la Seine et est venu s'établir en avant de Boulogne devant les batteries 67, 66, 65 formant le Point-du-Jour.

1,400 travailleurs pris dans le 10e de chasseurs à pied, 26e de ligne, 5e provisoire, brigade Gandil, de la division Berthaut, dans le 26e de chasseurs à pied et le 37e de marche, brigade Daguerre, de la division Verge, ont ouvert la tranchée vers 10 h. du soir et travaillé toute la nuit jusqu'à la pointe du jour, moment où ils ont dû interrompre leur travail.

Leur droite est à la Seine, leur gauche à l'extrémité de Boulogne ; grâce à leur activité et à leur courage, ils étaient à 4 heures du matin couverts et à l'abri des feux de l'ennemi ; ils ne sont plus qu'à 300 mètres de l'ennemi, c'est-à-dire à une distance où ils pourraient, s'ils le voulaient, établir déjà une batterie de brèche.

Tout nous fait donc espérer que les cruelles épreuves de la population honnête de Paris tirent à leur fin et que le règne odieux de la faction infâme qui a pris le drapeau rouge pour emblème cessera bientôt d'opprimer et de déshonorer la capitale de la France. Il faut espérer que ce qui se passe ici servira de leçon aux tristes imitateurs de la commune de Paris et les empêchera de s'exposer aux sévérités légales qui les attendent s'ils osaient pousser plus loin leur entreprise aussi criminelle que ridicule.

A. THIERS.

POUR COPIE CONFORME :
Le Sous-Préfet de Toulon, H. JULIEN-SAUVE.

Toulon, 10 mai, 1 heure du matin.

Prix : CINQ centimes.

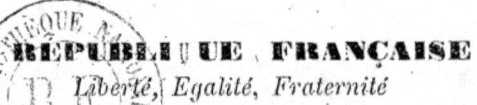
RÉPUBLIQUE FRANÇAISE
Liberté, Egalité, Fraternité

Dépêche Télégraphique

Versailles, 13 mai, 5 h. 55 du soir.

Le Chef du pouvoir exécutif, à Préfets, Sous-Préfet, Généraux commandant les divisions et subdivisions militaires, Procureurs généraux, et Procureurs de la République, et toutes les autorités civiles et militaires.

Pendant que nos troupes ont entrepris dans le bois de Boulogne, d'ouvrir la tranchée sur un long développement, et que la formidable batterie de Montretout protége les travaux d'approche, le deuxième corps, général de Cissey, a du côté d'Issy, accompli un fait d'armes des plus brillants.

Hier à midi les troupes du général Osmont ont attaqué les maisons situées au point où la route stratégique rencontre la route de Châtillon à Montrouge. Cette opération qui a été exécutée par les fusiliers marins, une compagnie du 4e bataillon de chasseurs à pied et les partisans du 113e de ligne a eu pour résultat de couper toute communication entre les forts de Vanves et de Montrouge.

Quelques heures plus tard le commandant de Pontécoulant avec un bataillon du 46e de ligne, brigade Rocier a enlevé à la baïonnette les couvents des Oiseaux à Issy. Dans cette attaque exécutée de la manière la plus brillante, nos soldats ont déployé un admirable élan. Les pertes de l'ennemi sont considérables, nous avons pris huit canons, plusieurs drapeaux, et fait des prisonniers.

A la suite de cette affaire les insurgés comprenant qu'ils ne pourraient plus tenir en dehors de l'enceinte ont successivement abandonné toutes les parties du village qu'ils occupaient encore, laissant de nouveau entre nos mains un grand nombre de prisonniers. L'occupation du lycée de Vanves effectuée cette nuit amène nos troupes à quelques centaines de mètres à peine de l'enceinte. Ainsi sur tous les points nous approchons du terme final de nos opérations et de la délivrance de Paris.

A. THIERS.

POUR COPIE CONFORME :
Le Sous-Préfet de Toulon, H. JULIEN-SAUVE.

Toulon, 14 mai, nuit.

Toulon — Typ J. LAURENT, rue Royale, 9.

Prix : CINQ centimes.

RÉPUBLIQUE FRANÇAISE
Liberté, Egalité, Fraternité

Dépêche Télégraphique

Versailles 21 mai, 7 heures 30 soir.

Le Chef du Pouvoir exécutif à Préfets, Sous-Préfets, Généraux commandant les divisions et subdivisions militaires, Procureurs généraux et Procureurs de la République. et toutes les autorités civiles et militaires.

La porte Saint-Cloud vient de s'abattre sous le feu de nos canons.
Le général Douai s'y sst précipité et il entre en ce moment dans Paris avec ses troupes.
Les corps des généraux Ladmirault et Clinchant s'ébranlent pour le suivre.

A. THIERS.

POUR COPIE CONFORME :
Le Sous-Préfet de Toulon, H. JULIEN-SAUVE.

Toulon, 21 mai, nuit.

Prix : CINQ centimes.

RÉPUBLIQUE FRANÇAISE
Liberté, Egalité, Fraternité

Dépêche Télégraphique

Versailles, 22 mai 1871.

Le Chef du Pouvoir exécutif à Préfets, Sous-Préfets, Généraux commandans les divisions et subdivisions militaires, Procureurs généraux et Procureurs de la République, et toutes les autorités civiles et militaires.

Une moitié de l'armée est déjà dans Paris ; nous avons les portes de Saint-Cloud, d'Auteuil, de Passy. Nous sommes maîtres du Trocadero.

A. THIERS.

POUR COPIE CONFORME :
Le Sous-Préfet de Toulon, H. JULIEN-SAUVE.

Toulon, 22 mai, midi.

Toulon. — Typ. J. LAURENT, rue Royale, 49.

Prix : CINQ centimes

RÉPUBLIQUE FRANÇAISE
Liberté, Egalité, Fraternité

Dépêche Télégraphique

Versailles 23 mai.

Le Chef du Pouvoir exécutif à Préfets, Sous-Préfets, Généraux commandant les divisions et subdivisions militaires, Procureurs généraux et Procureurs de la République, et toutes les autorités civiles et militaires.

Les événements suivent la marche que nous avions le droit de prévoir. Il y a 90,000 hommes dans Paris, le général Cissey est établi à la gare Montparnasse, à l'École militaire et achève de border la rive gauche de la Seine jusqu'aux Tuileries.

Les généraux Douai et Vinoy, enveloppent les Tuileries, le Louvre, la place Vendôme, pour se diriger ensuite sur l'Hôtel-de-Ville.

Le général Clinchant, maître de l'opéra, de la gare Saint-Lazare et de Batignolles, vient d'enlever la barricade de Clichy, il est ainsi au pied de Montmartre que le général de Ladmirault vient de tourner avec deux divisions, le général Montaudon suivant par dehors le mouvement du général Ladmirault, a pris Neuilly, Levallois, Perret, Clichy et attaqué Saint-Ouen, y a pris 105 bouches à feu et une foule de prisonniers.

La résistance des insurgés cède peu à peu et tout fait prévoir que si la lutte ne finit pas aujourd'hui, elle sera terminée demain au plus tard et pour longtemps. Le nombre des prisonniers est déjà de 5 à 6,000 et sera doublé d'ici à demain.

Quant au nombre des morts et des blessés, il est impossible de le fixer, mais il est considérable ; l'armée au contraire n'a fait que des pertes très-peu sensibles.

A. THIERS.

Toulon, 23 mai, 7 heures soir.

Versailles, 23 mai, 5 heures 40 soir.

Le drapeau tricolore flotte sur les buttes Montmartre, et sur la gare du Nord. Ces positions décisives ont été enlevées par les corps des généraux Clinchant et Ladmirault, ont fait environ 2 à 3,000 prisonniers.

Le général Douay a pris l'église de la Trinité et marche sur la mairie de la rue Drouot. Les généraux de Cissey et Vinoy, se portent sur l'Hôtel-de-Ville et les Tuileries.

Toulon, 8 h. 45 soir.

POUR COPIE CONFORME :
Le Sous-Préfet de Toulon, H. JULIEN-SAUVE.

Prix : CINQ CENTIMES

RÉPUBLIQUE FRANÇAISE

Liberté, Egalité, Fraternité

Dépêche Télégraphique

Versailles, 25 mai, 7 heures 25 matin.

Le Chef du Pouvoir executif à Préfets, Sous-Préfets, Généraux commandant les divisions et subdivisions militaires, Procureurs généraux et Procureurs de la République, et toutes les autorités civiles et militaires.

Nous sommes maitres de Paris sauf une très-petite partie qui sera occupée ce matin.

Les Tuileries sont en cendres, le Louvre est sauvé, la partie du Ministère des finances qui longe la rue de Rivoli a été incendiée, le palais du quai d'Orsay, dans lequel siégeaint le Conseil d'État et la Cour des comptes a été incendié également.

Tel est l'état dans lequel Paris nous est livré par les scélérats qui l'opprimaient, le déshonoraient; ils nous ont laissé 12 mille prisonniers et nous en aurons certainement 18 à 20,000. Le sol de Paris est jonché de leurs cadavres. Ce spectacle affreux servira de leçon, il faut l'espérer, aux insensés qui osaient se déclarer partisans de la Commune.

La justice du reste satisfera bientôt la conscience humaine indignée des actes nombreux dont la France et le monde viennent d'être témoins.

L'armée a été admirable et nous sommes heureux dans notre malheur de pouvoir annoncer que grâce à la sagesse de nos généraux elle a essuyé très peu de pertes.

A. THIERS.

Pour copie conforme :
Le Sous-Préfet de Toulon, H. JULIEN-SAUVE.

Toulon, 25 mai, 12 h. 35.

Toulon — Imprimerie de J. LAURENT, rue Royale, 49.

Prix : CINQ CENTIMES

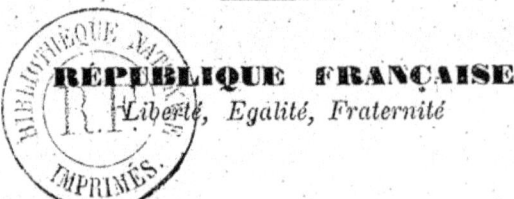

RÉPUBLIQUE FRANÇAISE
Liberté, Egalité, Fraternité

Dépêche Télégraphique

Préfet à Préfet maritime et Sous-Préfets de Brignoles et Toulon.

Draguignan, 27 mai 1871.

Les opérations militaires à Paris marchent aussi bien que possible. Les troupes ont conquis tous les forts, enlevé la place de la Bastille, la caserne du prince Eugène, le Château-d'Eau et les gares des chemins de fer.
Il ne restait plus que Belleville à occuper; plus de 20,000 prisonniers sont déjà aux mains du Gouvernement.

POUR COPIE CONFORME :
Le Sous-Préfet de Toulon, H. JULIEN-SAUVE.

Toulon, 27 mai, 8 h. 45.

Toulon. — Imprimerie de J. LAURENT, rue Royale, 49.

Prix : **CINQ centimes.**

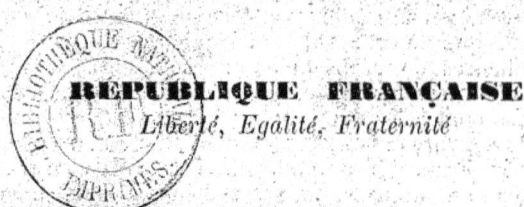

RÉPUBLIQUE FRANÇAISE
Liberté, Égalité, Fraternité

Dépêche Télégraphique

Versailles, 27 mai, 7 heures 15 soir.

Le Chef du pouvoir exécutif, à Préfets, Sous-Préfet, Généraux commandant les divisions et subdivisions militaires, Procureurs généraux, et Procureurs de la République, et toutes les autorités civiles et militaires.

Nos troupes n'ont pas cessé de suivre l'insurrection pied à pied lui enlevant chaque jour les positions les plus importantes de la capitale et lui faisant des prisonniers qui s'élèvent jusqu'ici à 25,000, sans compter un nombre considérable de morts et de blessés. Dans cette marche sagement calculée nos généraux et leur illustre chef ont voulu ménager nos braves soldats qui n'auraient demandé qu'à enlever au pas de course les obstacles qui leur étaient opposés.

Tandis qu'au dehors de l'enceinte notre principal officier de cavalerie le général du Barrail prenait avec des troupes à cheval les forts de Montrouge, Bicêtre, d'Ivry et au dedans le corps de Cissey exécutait les belles opérations qui nous ont procuré toute la rive gauche, le général Vinoy suivant le cours de la Seine, s'est porté vers la place de la Bastille hérissée de retranchements formidables, a enlevé cette position avec la division Verge puis avec les divisions Bruat et Faron, s'est emparé du faubourg Saint-Antoine jusqu'à la place du Trône.

Il ne faut pas oublier dans cette opération le concours efficace et brillant que notre flotte a donné aux troupes du général Vinoy. Ces troupes ont aujourd'hui même enlevé une forte barricade au coin de l'avenue Philippe-Auguste et de la rue de Montreuil. Elles ont aussi pris position à l'est et au pied des hauteurs de Belleville, dernier asile de cette insurrection qui, en fuyant, tire de sa défaite la monstrueuse vengeance de l'incendie. Au centre en tournant vers l'est le corps Douay a suivi la ligne des boulevards appuyant sa droite à la place de la Bastille et sa gauche au cirque Napoléon. Le corps de Clinchant venant se rallier à l'ouest au corps de Ladmirault a eu à vaincre aux Magasins réunis une violente résistance qu'il a vaillamment surmontée. Enfin le corps du général Ladmirault après avoir enlevé avec vigueur les gares du Nord et de l'Est, s'est porté à La Villette et a pris position au pied des buttes Chaumont.

Ainsi les deux tiers de l'armée après avoir conquis successivement toute la rive droite sont venus se ranger au pied des hauteurs de Belleville qu'ils doivent attaquer demain matin. Pendant ces six jours de combat continuel nos soldats se sont montrés aussi énergiques qu'infatigables, et ont opéré de véritables prodiges bien autrement méritoires de la part de ceux qui attaquent des barricades que de ceux qui les défendent.

Après quelques heures de repos qu'ils prennent en ce moment, ils termineront demain matin sur les hauteurs de Belleville la glorieuse campagne qu'ils ont entreprise contre les démagogues les plus odieux et les plus scélérat que le monde ait vus, et leurs patriotiques efforts mériteront l'éternelle reconnaissance de la France et de l'humanité. Du reste ce n'est pas sans avoir fait des pertes douloureuses que notre armée a rendu au pays de si mémorables services.

Leurs chefs se sont montrés dignes de commander à de tels hommes et ont pleinement justifié le vote que l'Assemblée leur a décerné.

Le nombre de nos morts et de nos blessés n'est pas grand mais les coups sont sensibles. Ainsi nous avons regretter le général Leroy de Dais l'un des officiers les plus braves et les plus distingués de nos armées. Le commandant Ségoyer du 26e bataillon de chasseurs à pied s'étant trop avancé a été pris par les scélérats qui défendaient la Bastille et sans respect des lois de la guerre a été immédiatement fusillé. Ce fait du reste concorde avec la conduite de gens qui incendient nos villes et nos monuments et qui avaient réuni des liqueurs vénéneuses pour empoisonner nos soldats presque instantanément

A. THIERS.

Pour copie conforme :
Le Sous-Préfet de Toulon, H. JULIEN-SAUVE.

Toulon, 28 mai, 4 h. matin.

Prix : CINQ centimes.

Dépêche Télégraphique

Versailles, 28 mai, 2 heures 15 soir.

Le Chef du Pouvoir exécutif à Préfets, Sous-Préfets, Généraux commandant les divisions et subdivisions militaires, Procureurs généraux et Procureurs de la République, et toutes les autorités civiles et militaires.

Nos corps d'armée chargés d'opérer sur la rive droite étaient dès hier au soir rangés en cercle au pied des buttes Chaumont et des hauteurs de Belleville. Cette nuit ils ont surmonté tous les obstacles.

Le général Ladmirault a franchi le bassin de La Villette, l'abattoir, le parc aux bestiaux et gravi les buttes Chaumont et les hauteurs de Belleville. Le jeune Davoust, si digne du nom qu'il porte, a enlevé les barricades et au jour le corps Ladmirault couronnait les hauteurs. De son côté le corps de Douai partait du boulevard Richard-Lenoir pour aborder par le centre les mêmes positions de Belleville.

Pendant le même temps le général Vinoy a gravi le cimetière du Père-Lachaise, enlevait la mairie du 20e arrondissement et la prison de la Roquette. Les marins ont partout déployé leur entrain accoutumé.

En entrant dans la Roquette nous avons eu la consolation de sauver 169 otages qui allaient être fusillés ; Mais, hélas ! les scélérats auxquels nous sommes obligés d'arracher Paris incendié et ensanglanté avaient eu le temps d'en fusiller 64 parmi lesquels nous avons la douleur d'annoncer que se trouvaient l'archevêque de Paris, l'abbé Deguerry, le meilleur des hommes, le président Bonjean et quantités d'hommes de biens et de mérite, après égorgé ces jours derniers le général Chaudey, cœur plein de bonté, républicain invariable.

Qui pouvaient-ils épargner maintenant ? Rejetés à l'extrémité de l'enceinte entre l'armée française et les Prussiens qui leur ont refusé passage, ils vont expier leurs crimes et n'ont plus qu'à mourir ou à se rendre.

Le trop coupable Delescluze a été ramassé mort par les troupes du général Clinchant ; Millière non moins coupable a été passé par les armes pour avoir tiré trois coups de révolver sur un caporal qui l'arrêtait.

Ces expiations ne consolent pas de tant de malheurs, de tant de crimes surtout, mais elles doivent apprendre à ces insensés qu'on ne provoque pas, qu'on ne défie pas en vain la civilisation et que bientôt la justice répond pour elle.

L'insurrection parquée dans un espace de quelques centaines de mètres est vaincue, définitivement vaincue. La paix va renaître mais elle ne saurait chasser des cœurs honnêtes et patriotes la profonde douleur dont ils sont pénétrés.

POUR COPIE CONFORME :
Le Sous-Préfet de Toulon, H. JULIEN-SAUVE.

Toulon, 28 mai, nuit.

www.ingramcontent.com/pod-product-compliance
Lightning Source LLC
Chambersburg PA
CBHW052229230426
43666CB00034B/2356